¡NO VENDAS: AYÚDALE A COMPRAR!

POR

CHRISTIAN LECLERC

- Para Angie, Jonathan, Eric y Mathieu

"Los clientes no esperan que seas perfecto. Lo que esperan es que arregles las cosas cuando se complican"

- Donald Porter

Tabla de contenido

Introducción: **p.6**

Capítulo 1: Un destino para vender: **p.7**

Capítulo 2: "No vendas: Ayúdale a comprar": **p.15**

Capítulo 3: El proceso: **p.21**

Capítulo 4: Actividades para mejorar la escucha: **p.72**

Capítulo 5: Consejos (500 vendedores exitosos): **p.74**

Capítulo 6: ¿Cómo motivar un equipo de ventas?: **p.86**

Capítulo 7: La mística de la venta: **p.91**

Capítulo 8: Treinta hábitos de un vendedor exitoso: **p.95**

Conclusión: ¡Ayúdale a comprar!: **p.110**

Acerca del autor: **p.112**

INTRODUCCIÓN:

El proceso de ventas ha evolucionado y la mayoría de los clientes buscan más que un ejecutivo agradable con el que se puedan identificar. Para poder darle un buen servicio al cliente en el 2018, necesitas cierto enfoque en la organización completa para que el vendedor pueda hacer su trabajo. "No vendas: Ayúdale a comprar" es probablemente el libro de ventas con los consejos más prácticos que encontrarás para lograr incrementar tus ventas. Se ha dicho mucho que "a nadie le gusta que le vendes", sin embargo ¿a cuántos de nosotros nos gusta comprar algo para nuestras necesidades o gustos? Tomando ese principio contradictorio nace la idea de "¡No vendas: ayúdale a comprar!". Estas a punto de leer un libro que tiene como fuente a más de 500 vendedores exitosos (incluyendo a Ivan, de quien tomé un comentario como parte de la introducción de ese libro) así que mi propia experiencia como vendedor y director comercial. También el libro contiene una guía que te permitirá de crear tu propia "carpeta de ventas" para poder implementar el proceso y técnicas compartidas en esta obra. Específicamente, aprenderás la aplicación de un proceso de ventas desde la prospección de los clientes usando desde los métodos más tradicionales hasta el uso moderno de la red, junto con siete cierres de ventas infalibles empleados por los vendedores exitosos y la implementación de un seguimiento de ventas comerciales organizadas y casi automatizadas. El libro está lleno de consejos y técnicas reales y prácticas que podrás aplicar desde que terminas la lectura. Sin el equipo de ventas de una empresa, no existirían los demás cargos de la organización. Son la columna vertebral, los que llevan las ganancias y por encima de todo, los que día a día llevan la marca de la empresa en su cara, en su ánimo hacia los clientes. Ellos a través del trato que les dan. El vendedor es la imagen de la empresa, y, a su vez, la publicidad directa más efectiva.

CAPÍTULO 1: UN DESTINO PARA VENDER

Mi carrera en el mundo comercial inició a finales de los años 90. Mi vida cambió totalmente cuando me mudé a México. Mi primera intención de cambio era seguir estudiando. Yo acababa de terminar la carrera en sociología en la universidad de Montreal. Mi motivación principal para mudarme a la tierra azteca, era mi matrimonio con una hermosa mexicana, así que nos mudamos. A los pocos días de mi llegada, encontré un trabajo de profesor de idiomas en la empresa internacional Berlitz. Berlitz es probablemente la escuela de idiomas más grande del mundo, con presencia en más de 52 países y que tiene hoy en día más de 130 años de existencia. Mi carrera de profesor duró año y medio, no sin éxito, ya que en mi primer año de docente se me otorgó el premio "teacher of the year". Nada mal para un instructor de idiomas sin formación académica en el ramo de la enseñanza. En mi segundo año de labor en esa institución, se me acercó el director general. Me preguntó si estaba interesado en ser director de un plantel. Para aclarar a los lectores, un director de plantel en esa compañía se dedica a la matriculación de nuevos estudiantes. Es decir que su rol está totalmente orientado a lo comercial ¡A la venta pura! En primera instancia lo medité bastante porque no hablaba muy bien el español, y sabía que tenía que hacer un mayor esfuerzo que mis compañeros para poder vender con éxito. Al final me decidí y acepté la invitación. Desde ese punto empezó mi exitosa carrera comercial. La primera tarea como un director de plantel en Berlitz fue tomar una capacitación de ventas de dos semanas. Esa sería mi prueba, para mí la mayor preocupación no radicaba en mi capacidad para vender, si no mi limitación con el idioma para poder cumplir primero con ese curso y segundo, alcanzar a ser un vendedor exitoso. En mi primer día de curso, el instructor, que resultó ser un director general de la empresa, nos dijo que el curso que estábamos a punto de tomar era para ayudarnos a ser vendedores profesionales. Íbamos a aprender técnicas que estaban basadas en tener el control de una conversación, dar información precisa y cerrar ventas. Me llamó la atención, sobre todo el tema de "tener control". Y sí, más tarde comprendí que eso lo era todo, si puedes mantener el control de la conversación en una venta de servicios o de algo tangible, tus posibilidades de cerrar una venta son mayores, sobre todo cuando sabes escuchar bien a tu prospecto. Básicamente, con esa frase les acabo de resumir esta obra en esa última frase. Posteriormente profundizaremos estos temas, y les brindaré técnicas precisas para lograrlo. No solamente las técnicas que yo aprendí, sino también la de todos los vendedores exitosos que colaboraron a cualquier distancia, a este manual de ventas. Me gustó tanto esa capacitación, que considero que fue la mejor que he tomado en mi vida profesional. Sin embargo, el éxito no fue instantáneo, después el curso no convencí a la dirección y no me asignaron la dirección de un plantel de inmediato. Aunque me encantó el curso, yo no mostraba mucha seguridad, y hacía errores garrafales en las presentaciones que nos asignaban de tarea. Claro que la barrera del idioma (yo nativo del idioma francés) no me ayudaba. En una ocasión, teníamos que memorizar un texto donde tenía que decir que Berlitz que tenía 125 años de experiencia y que había capacitado más de 100 mil estudiantes en la historia en todo el mundo. Yo me empeñaba a decir que la empresa tenía 100 mil años de historia y que había capacitado 125 alumnos en toda la historia en todo el mundo. Estarán de acuerdo que eso no impresionaba los directivos, y mi carrera como directivo no tenía mucho futuro en esa empresa. Después del curso, sentía que yo no tenía mucho futuro en el área comercial de la empresa, por lo que decidí cambiar un poco de área y me dediqué a la supervisión académica, ya que yo era un excelente profesor en ese entonces. Tuve la oportunidad de hacer la supervisión académica en un plantel en Cancún, México. Mi responsabilidad pasó a ser la de contratar nuevos profesores y supervisar a todos los docentes para mantener la calidad de la enseñanza. La escuela era nueva y por lo mismo también había un nuevo director. Recordemos que el director se encargaba de la parte comercial, es decir que el director es también el principal responsable de matricular a los nuevos prospectos para crecer la población estudiantil el plantel. Yo conocía acerca de ciertos errores porque había tomado el curso, sin embargo, como bien recuerdan, la empresa no me había escogido para ser director de una sucursal. Un día el director de esta sucursal en Cancún me comentó que se iba a ausentar por unos minutos para hacer unas diligencias. Curiosamente esa persona nunca regresó a la escuela. Así es, de un día para otro el líder no regresó, y desde entonces, hasta ahora que estoy escribiendo estas líneas, prácticamente 20 años después nunca he escuchado a esa persona. Pasaron un par de días, nuestro director había desaparecido, estaba obligado a preguntarme qué iba a pasar y quién se encargaría del plantel como responsable y gerente comercial. Para mi gran sorpresa, el director general me comentó que yo tenía todo el talento y la habilidad para asumir ese cargo. ¿Realmente era cierto o solamente una excusa porque no tenía a otras personas en ese momento? Independiente de lo que podía pensar el director, me dije que esa era mi oportunidad para manejar un negocio y enfocarme al área comercial, específicamente a las ventas. Entonces, así empiezo mi carrera comercial, reemplazando alguien que nunca regresó, dándome una oportunidad. En mis primeros tres meses, triplicamos el número de alumnos que teníamos en esa escuela. Me dediqué a prospectar en los hoteles para buscar alumnos de idioma y también, creo que lo más importante fue que apliqué todas las técnicas que yo había aprendido en el curso de ventas de esta empresa, esas mismas técnicas que me han llevado al éxito en todos mis puestos de ventas o comerciales y de las cuales vamos a hablar en detalle en este libro para que puedan aplicarlas, y estoy seguro que aumentarán sus ventas. Después de primer éxito en esa sucursal de ventas de idiomas, la empresa me encargó el mando de otra escuela, esta vez en el norte de la Ciudad de México. Una escuela que estaba condenada a cerrar, mi misión era simple: ¡Salvar el negocio! Lo cual logré en menos de un año. Dos factores me ayudaron en esa tarea. Primero, insisto, aplicar las técnicas básicas de las ventas usando la técnica de "No vendas: Ayúdale a comprar"". El segundo factor fue la venta de un programa intensivo para aprender inglés, que en esa época Berlitz llamaba "Inmersión Total". Se trataba de un curso de una a seis semanas, 8 horas diarias, donde un alumno que tiene un conocimiento básico del idioma puede alcanzar a entender y manejar el idioma suficiente para vivir y trabajar en esa nueva lengua que pretende aprender. Ese programa tenía un costo de dos mil dólares por semana. La venta de ese curso era bastante rara, se lograban uno o dos al año. En los dos años que estuve en esa sucursal, vendí 26 programas, es decir un promedio de uno (y más) al mes. Esas ventas no solamente llamaron la atención del corporativo en México, sino también de los dirigentes a nivel mundial. Me invitaron a una junta internacional, para explicar a todos los asistentes, que eran los directivos de la empresa viniendo de 25 países. No sé si esperaban a que les enseñaran unas fórmulas complicadas, o técnicas de ventas futuristas y vanguardistas, pero ese no fue el caso. Mi presentación fue muy sencilla, y les mostré lo que hablaremos a detalle en esta obra, que se resume en esta frase: "No vendas, ayúdalo a comprar", con un discurso de ventas estructurado, sencillo y ESCUCHAR las necesidades del prospecto, lo cual yo llamé: CONTROL. La conclusión fue aplicar lo que todos sabemos, solo tener una conversación de ventas estructurada, no hablar de más y seguir los pasos hasta el cierre de ventas. Nunca pensé que unos años después, eso estaría en un libro y que lo escribiría y ayudaría no solamente los compañeros de esa empresa, sino también a muchas más de otras empresas y de todo el mundo. Después de esa reunión internacional, las cosas se fueron dando más rápido. En México me asignaron como director comercial de la empresa, donde ya tuve la responsabilidad de las estrategias de ventas, incluyendo la capacitación de todo el personal comercial. Mi reputación ya estaba establecida, y muchos esperaban a que les compartiera ese gran secreto de cómo podía yo vender "tanto". Y cuando les enseñaba la técnica de "No vendas: Ayúdale a comprar", todos se sintieron un poco escépticos, pero al final, tal como yo, se beneficiaron y sus ventas se dieron al alza. Un día que estaba en mi oficina consultando unos reportes, mi asistente me comentó que me contactaba un tal "Mark Harris", el CEO de Berlitz Coorporation. Solo para darles un poco de contexto, Berlitz es una gran empresa con oficinas y escuelas en más de 50 países, y cuando mi asistente me dijo que el "Presidente" de la empresa quería hablar conmigo y que estaba en espera en la línea, pensé que era una broma. Pero no, era el gran gurú, dios, líder, el Genghis Khan de la empresa, que quería hablar conmigo. Eran las 4 de la tarde, y me dijo que quería charlar conmigo personalmente en su oficina. Hay que mencionar que yo estaba en la ciudad de México y que él se encontraba en Princeton, Nueva Jersey, Estados unidos. Mencionó que ya había un vuelo a mi nombre que salía a la mañana siguiente, y que me esperaba a las 17; 00 Horas, hora de Nueva York en su oficina al día siguiente. Salí de la oficina y le comenté a mi esposa que mañana tenía una junta… en Nueva Jersey a las 17:00 horas. Al día siguiente, llegué al aeropuerto de Newark a las 16:00 horas, impresionado, una limusina me esperaba. Me trasladé del aeropuerto a las oficinas de Berlitz Corporation donde aguardaba el gran jefe. Muy cordial, me habló en español, después me hizo algunas unas preguntas en francés y terminamos la entrevista en su lengua natal: el inglés. Básicamente me ofreció la dirección mundial de un nuevo producto que enseñara los idiomas a los niños en todo el mundo. Mi misión, capacitar la fuerza de ventas en los mercados importantes, es decir casi 20 países. A eso me dedicaría en los 2 años siguientes, viajando a todo el mundo capacitando la fuerza de ventas con la técnica de ventas de "Control: escucha y vende". Esos dos años de viajes y de experiencia, estarán siempre grabados en mi memoria, tal vez un día escribiré un libro sobre esa época ya que son miles las anécdotas y aprendizaje que viví. Berlitz estaría presente en 12 años de mi vida profesional, pero los cambios de dirección y de estrategia me obligaban a buscar nuevos terrenos para trabajar. En el 2010, me encontraba en busca de otro empleo. Como muchos, apliqué a páginas de búsqueda de empleo, visité caza talentos, periódicos, LinkedIn etc. Seis meses de búsqueda sin frutos. Un día decidí aplicar una técnica de prospección de ventas que se llama "Blitzing". El "blitzing" se trata de llegar a una empresa, una escuela, o un particular para poder vender un servicio o producto. Más adelante en la obra, veremos diferentes técnicas de prospección. Si esa técnica me ayudó a vender, ¿por qué no me ayudaría a encontrar un empleo?

Entonces, llegué a "Education First", vestido de un traje y mi hoja de vida a la mano para pedir trabajo. Education First, es otra escuela de idiomas que también tiene presencia a nivel mundial. Entré en la oficina, me presenté y la recepcionista, para mi gran sorpresa, me enlazó directamente con un ejecutivo. La plática con esa persona duró 20 minutos. La verdad no esperaba mucho de esa charla, sin embargo, me comentó que si podía venir al día siguiente para hablar con del "Country manager" (el gerente general del país). A lo cual accedí sin duda alguna. Me presenté a la cita al día siguiente, donde me reuní con el líder de la empresa, que me invita a desayunar. La entrevista / desayuno / plática duraría casi dos horas. Después de esa junta informal, ya tenía un nuevo empleo. Mi primera responsabilidad fue abrir una oficina de ventas al sur de la ciudad de México. Education First se dedica a capacitar a jóvenes en los idiomas inglés, francés, alemán, italiano y japonés en sus escuelas foráneas propias en todo el mundo. Rebasé las metas por 46% y se me otorgó el premio "Nothing is impossible" (Nada es imposible) por haber tenido unas cifras muy arriba de las expectativas de la empresa. Acompañado de ese premio, un viaje de 10 días a Inglaterra para conocer las escuelas de inglés que la empresa opera en el reino unido. El secreto de ese éxito fue el mismo, el de la aplicación de una venta estructurada que hoy llamo "No vendas: Ayúdale a comprar". Posteriormente, el country manager me asignó como gerente de ventas directas de todo el país. Me quedé 3 años en esa empresa, y después salí para seguir al mismo country manager que lanzaría su propio negocio y me quede con él como su director general. No me quedaría mucho tiempo, solo un año, porque posteriormente me llegó una oferta muy buena para dirigir otro instituto educativo. Un fondo de inversión buscaba un director general con un perfil comercial muy fuerte para incrementar las cifras de su escuela. (6 planteles). Tomé el reto con mucho entusiasmo. En tres años crecí las ventas que estaban a 14 millones hasta alcanzar las cifras de 29 millones. Lo que fue "fácil" de esa empresa era el hecho de tener muchos prospectos, pero tenía un problema serio en su proceso de ventas tanto macro que micro. Es decir, había que revisar la fuente de los prospectos y trabajar más de cerca con los vendedores para cerrar las ventas. En resumen, todos mis éxitos comerciales y de ventas se traducen en el uso de un proceso de ventas: 1. Fácil de explicar 2. Fácil de entender 3. Fácil de ejecutar. El proceso de "No vendas: ayúdalo a comprar": respeta esos 3 puntos anteriormente mencionados porque la venta no debe usar procesos difíciles, textos aprendidos, robotizados o técnicas teóricas que no son adaptables a los servicios o productos que se quiere vender. También es importante mencionar que cualquier proceso o técnicas de ventas será inútil si el vendedor no conoce a fondo el producto o servicio que debe promover. De hecho, a la investigación que se realizó para apoyar a la redacción de ese libro, pregunté a los vendedores exitosos: ¿Cuál es la cualidad más importante de un excelente vendedor? 38.1 % contestaron que es el conocimiento del producto o servicio que es la cualidad o elemento más importante. En segundo lugar, 19% de los encuestados dijeron que era "la capacidad de escucha" En tercer lugar, la "perseverancia" es mencionada de los 14.3% respondientes. El otro 28.6% comentan que otros 14 elementos son las cualidades más importante que debe de tener un vendedor exitoso.

4. ¿Cuál es la cualidad más importante de un excelente vendedor?

42 respuestas

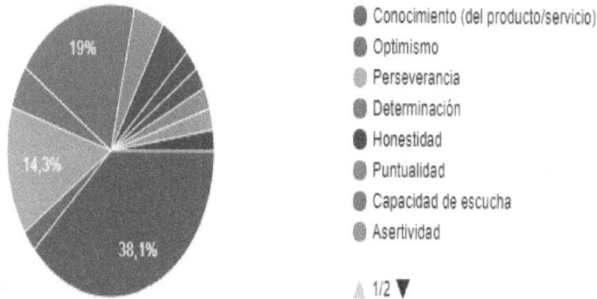

- Conocimiento (del producto/servicio)
- Optimismo
- Perseverancia
- Determinación
- Honestidad
- Puntualidad
- Capacidad de escucha
- Asertividad

1/2 ▼

CAPÍTULO 2: "NO VENDAS: AYÚDALE A COMPRAR"

Emoción vs. la razón: En este capítulo vamos a explorar el proceso, el gran secreto, para llevar una venta exitosa. En sí, la técnica que he utilizado durante toda mi carrera y con la que he tenido éxito. Antes de ir a fondo con el proceso, debo empezar explicando qué pasa en nuestras cabezas como compradores. Es decir, antes de ir al proceso de ventas, quiero tomar unas líneas para explicar el proceso de compra. ¿Qué pasa en nuestra cabeza cuando entramos en una situación de compra? Se ha dicho que el comprador toma la decisión cuando la emoción está en su punto más alto. Hace unos años, compré un coche gracias al seguimiento y técnica del vendedor que supo utilizar "la emoción" para ayudarme a comprar ese vehículo. Un domingo cualquiera, uno de mis hijos quería ir a ver coches, le encantan los carros, así que fuimos a una agencia simplemente como distracción y sin ninguna necesidad real de adquirir otro vehículo. Entramos en la agencia, un vendedor se acercó y solo se presentó antes de hacernos una invitación para ver los automóviles y sus cualidades. El vendedor se retiró dejándonos toda la libertad de subir, tocar, opinar de los coches que estaban en la sala de demostración. Después de unos minutos, el vendedor regresó con nosotros y se dirigió a mí. - "Veo que son expertos en carros, cuál es el vehículo que les gusto más" - "La camioneta roja" le contesté - "La quiere comprar de contado o a crédito". Replicó el representante - "A crédito" le dije sin dudar. (Al fin y al cabo, sabía que sólo me entregaría una hoja con cotizaciones, que ignoraría, pero recibiría para irme.) - Perfecto ¿quiere pasar a sentarse? - Sí, por supuesto Y así, el vendedor muy atento y amable, llenó unos formatos en la computadora, imprimió el presupuesto y nos los entregó. Tomó nuestros datos y nos fuimos. Después de dos días, me llamo y dijo: - "Ya fue aprobado su crédito ¿de qué color quiere la camioneta?" En ese momento estaba contento y emocionado, estaba a punto de ir a la agencia para concluir el trámite. Sin embargo, también me encontraba a punto de dar una conferencia, tendría que esperar al día siguiente. De hecho acordamos la hora de la cita para terminar la compra. Después de la conferencia, en camino al lugar de una reunión en casa, empezaba a pensar en varios puntos: ¿La mensualidad contra mis otros gastos?, ¿Realmente necesitaba ese nuevo vehículo? , ¿Y si mejor pongo ese dinero en una cuenta de ahorro? etcétera. Como pueden ver, mi proceso de compra pasó por tres etapas: 1. El interés: De comprar un vehículo era muy bajo, sin embargo se elevó durante el proceso. 2. La emoción: De la etapa del interés pase a la etapa de la emoción. Donde "me enamoré" del coche. El vendedor tuvo mucho que ver con el incremento de mi sentido de emoción. 3. La razón: Después de la emoción, empecé a razonar, a analizar, hacerme preguntas para ver si realmente tenía que hacer esa compra. La historia termina con un final feliz para el vendedor. No fui a la agencia el día siguiente, porque la razón le gano a la emoción. Como no fui a la cita en la agencia para concluir la transacción, el vendedor, me llamó para saber qué había pasado. Le expliqué que ya lo había pensado, y que por el momento no iba a comprar el coche. En un momento me sorprendió, pues dijo que no me preocupara y que entendía bien la situación. En ese punto, pensaba que el representante se iba a dar por "vencido" y aquí daría por concluido su intento de venta, pero no:

- "¿Señor Leclerc va estar en su casa mañana?"

- "Sí" le contesté

- "Excelente ¿podría el departamento de servicio al cliente llamarle a su casa para hacerle una encuesta sobre mi servicio?"

- Claro que sí, como a las 12 está bien.

- Perfecto, muchas gracias Sr. Leclerc,

Al día siguiente, estaba en mi casa escribiendo, la verdad no me acordaba que iba a recibir una llamada de la agencia, para mi ese asunto había terminado. A las 12, alguien tocó la puerta. Adivinen quién era, exactamente, el vendedor de la agencia.

- Señor Leclerc ¿tiene unos minutos? Mire, vine con la camioneta ¿no le gustaría manejarla?

En este momento, dos cosas pasaron por mi cabeza. Uno, vi la camioneta y me encantó. Dos, qué buen vendedor era ese individuo. Mi esposa, el vendedor y yo fuimos de paseo en la camioneta. Final feliz. Si compré el motorizado. Esa historia real, tiene todos los ingredientes que se necesitan para lograr la venta.

1. El vendedor supo manejar el proceso de compra desde un interés bajo por parte del cliente hasta subir su emoción y con determinación y originalidad supo "vencer" al razonamiento del cliente y cerrar la venta.
2. El vendedor no aplicó un cierre forzado o agresivo de ventas.

3. El vendedor ayudó al cliente a comprar.

4. El vendedor hizo un excelente seguimiento comercial

5. El vendedor uso su audacia e imaginación para concluir la transacción.

Para explicar y usar la "emoción vs. Razón", debes conocer los siguientes datos científicos. El cerebro está dividido en dos hemisferios. El hemisferio izquierdo contiene la lógica, el intelecto, el razonamiento, la memoria, el pensamiento matemático. El otro hemisferio, el derecho, se encarga de las emociones, la intuición, la espiritualidad, la imaginación, la sensibilidad artística, las formas espaciales y finalmente la música. En término practico, el vendedor debe de trabajar con el hemisferio derecho del prospecto. Siempre será más fácil "vender" a un cliente emocionado que a un cliente razonando. Desarrollé una gráfica muy sencilla para entender qué pasa en el proceso de compra:

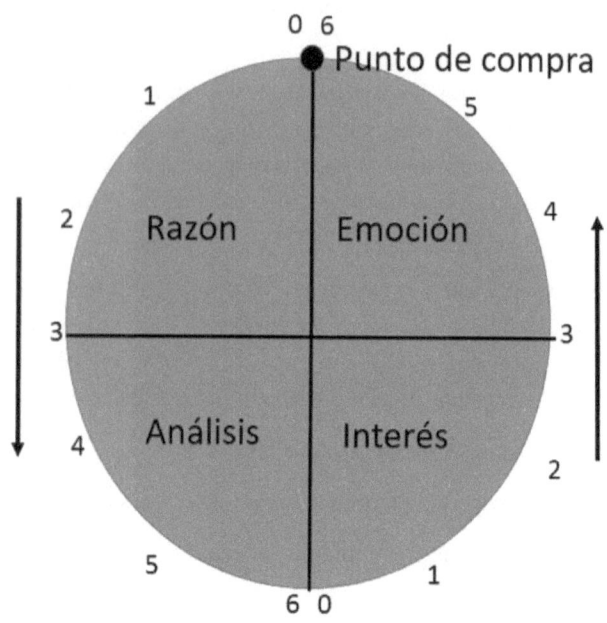

Proceso IERA de Compra: Leclerc

Debes de ubicar al prospecto por su grado de interés o de emoción en la escala de 0 a 6. Esa calificación se hace rápidamente con la práctica y tu experiencia. Eso puede variar de acuerdo con el producto o servicio que vendes. Antes de poder ubicar esos niveles, debes de "traducir" las palabras interés, emoción, razón y análisis en el idioma que usas todos los días. Por ejemplo; ¿Qué significa interés para un comprador de cursos de idioma? ¿Qué son las emociones que podría estar sintiendo alguien que compra un coche nuevo?

Tu carpeta de ventas: Tomando ese mismo ejemplo, escribe las señales por los cuatro elementos de la gráfica del proceso de compra:

Interés:

1.

2.

3.

Emoción:

1.

2.

3.

Razón:

1.

2.

3.

Análisis:

1.

2.

3.

El trabajo del vendedor es ayudar al prospecto a llegar al punto de compra. El nivel de interés y de emoción son claves para lograr ese objetivo. Tu tarea específica, es subir su nivel de interés, rebasar el nivel de interés para llegar a emocionar el cliente y finalmente a llegar al punto de compra: el compromiso económico. No significa que un comprador que empiece a razonar o a analizar no comprará, si no que el proceso de compra será más difícil. Si conoces técnicas de ventas, como aprenderás en esa obra, podrás ayudar a un cliente a comprar, como lo hizo el vendedor de coches que logró ayudarme con la compra de mi camioneta. Recuerda que él supo cómo elevar mi nivel de interés, emocionarme y, aunque empecé a razonar y analizar, compré el vehículo.

CAPÍTULO 3: EL PROCESO

La técnica se compone de ocho etapas bien estructuradas para llevar una venta o más bien lograr un cierre exitoso. Es un proceso que llamé "No vendas: Ayúdale a comprar", es una versión mejorada o más bien, evolucionada de las técnicas que he aprendido al principio de mi carrera. También me di cuenta, haciendo la investigación con 512 vendedores exitosos, ellos mismos han utilizado una técnica muy similar que se resume en controlar una conversación para poder cerrar una venta.

Proceso: "No vendes: Ayúdalos a comprar"

1. La prospección

2. La bienvenida y declaración de capacidad

3. La exploración de necesidades

4. La presentación de la empresa

5. La presentación del producto o servicio

6. La oferta

7. El cierre

8. El seguimiento comercial

Cuando vemos esos procesos enumerados del 1 al 8 podríamos pensar que es muy complicado o que también podría alargar una conversación de venta, sin embargo, no es el caso. La explicación de cada punto podría ser mucho más largo y complejo que la propia ejecución del proceso. Por ejemplo, en el paso número 2, el cual llamamos "La bienvenida y declaraciones capacidad" es realmente un icebreaker donde el vendedor o el asesor no tomará más de un minuto para realizar ese paso. También hay que mencionar que los procesos del número 1 al número 6 no deben ser más largos que el proceso 7, es decir el cierre de ventas. Ejemplo en una venta consultiva es decir una venta de servicio, seguros o productos financieros, el proceso o más bien, los pasos del 1 al 6 deben ser más cortos en tiempo que el proceso (7) del cierre de ventas ya que es el proceso donde se hace la negociación con el cliente para poder hacer la venta. No hay un tiempo definido para el proceso en total ya que puede variar de acuerdo con el producto o servicio que vende. Por ejemplo, una venta consultiva para vender los productos o servicios que acabamos de mencionar, podría tomar más tiempo que vender un producto como una computadora o un servicio de fumigación. En mi experiencia, he vendido servicios educativos prácticamente por 20 años, lo cual consideramos como una venta de servicio semi consultiva, es decir que debemos conocer muy bien la necesidad de un prospecto, sin embargo, no tanto a detalle como si fuese vender un servicio de productos financieros, ese proceso de los 8 pasos del proceso de No vendas: ayúdalo a comprar no debe de pasar de 15 minutos. Parte del éxito que ha tenido este proceso, fue gracias al hecho de cambiar un poco el tiempo de cada paso. Observando a los vendedores que manejan muy bien el proceso, me di cuenta que le daban más tiempo de los pasos del 1 al 6 que al cierre. Si podemos cambiar eso es decir dedicar más tiempo al cierre de ventas que a la explicación, la presentación de la empresa o del producto, nos podría llevar mucho más rápido al éxito para realizar una venta.

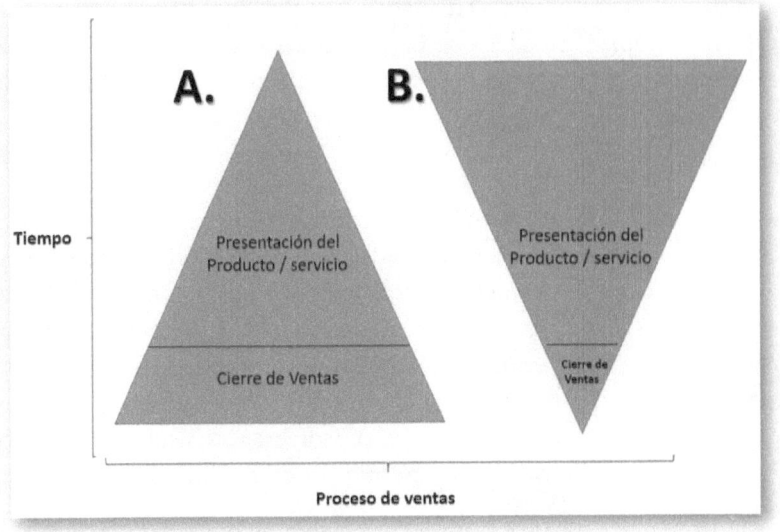

Si el vendedor puede dedicar más tiempo al paso número 7 (el cierre de ventas) que dedicar más tiempo en los pasos del 1 al 6, su probabilidad de cerrar una venta será mucho más alta. La forma de lograr este objetivo es que el vendedor debe conocer muy bien su producto o servicio, ya que esto le ayudará identificar las características y beneficios mucho más específicas y puntuales para que el prospecto entienda muy bien qué es el producto que satisfará su necesidad. De esa manera, el vendedor tendrá mucho más tiempo para trabajar en el cierre de ventas y poder manejar las objeciones o las dudas por parte del comprador. En el otro escenario, es decir, donde el vendedor le dedica más tiempo a la presentación del producto o de la empresa versus el cierre de ventas tendrá menos probabilidad de cerrar una venta. Eso pasa normalmente cuando el vendedor no conoce bien el servicio que está vendiendo. En la mayoría de los casos se trata de falta de capacitación por parte de la empresa que lo contrató.

1. La prospección - 2. La bienvenida y declaración de capacidad - 3. La exploración de necesidades - 4. La presentación de la empresa - 5. La presentación del producto o servicio- 6. La oferta - 7. El cierre 8. Seguimiento

1. La prospección:

La prospección es una actividad muy importante para una empresa, varias compañías piensan que colocarse en un lugar ideal lo es todo para lograr la afluencia de clientes. Sin embargo, no es así. para lograr ventas en una empresa o para su propio negocio, la actividad de la prospección debe ser tomada en serio. La definición de prospección de ventas es aquella que dice que se trata de la búsqueda de información que nos va a permitir focalizar nuestros esfuerzos comerciales hacia un público objetivo. Recuerdo muy bien mi primer día como director / vendedor en una escuela de idiomas. La mayoría de los prospectos que teníamos eran gracias a los referidos. La empresa que tiene hoy más de 135 años es establecida y es "fácil" obtener prospectos. Sin embargo, cuando trabaje en otra escuela internacional de idiomas, la generación de prospectos era diferente. Tenía que producir por mis propios medios, mis clientes. El lugar donde se encontraba la mayoría de los prospectos era en las escuelas, ya que vendía cursos de veranos de idiomas al extranjero. La satisfacción de lograr una venta desde el primer contacto que crea el vendedor es increíble. Tengo mucho respeto por los vendedores que trabajan en los centros comerciales, en estas islas de promoción, abordan las personas de la nada, suben el nivel de interés, usan la emoción del cliente y cierran una venta. La "creación" de prospectos es obviamente prioridad, sin prospectos o sin "leads" no habrá ventas. Algo que me confirmó los vendedores exitosos; un buen vendedor es también alguien que sabe "producir" prospectos y no solamente cerrar ventas. Hay muchos libros y cursos de ventas que no tienen técnicas o si siquiera hablan de la actividad de la prospección. La propia empresa que capacita a la fuerza de ventas, con procesos de ventas conocimiento del producto, carecen de una parte importante:

¿cómo prospectar o dónde prospectar? o ¿qué herramienta necesito para producir prospectos?

Muchas veces, cuando se contrata a una persona, se le explica de qué se trata el servicio o el producto y después se le da una buena capacitación de técnicas de ventas, sin embargo, no tiene herramientas para producir prospectos. Es el mismo caso cuando un vendedor independiente tiene su propio negocio o vende para empresas de mercadeo en redes, se le habla mucho de cómo vender, pero no se le habla de cómo producir clientes potenciales.

En esa parte de esa obra vamos a ver 18 técnicas de prospección qué les ayudarán a producir clientes potenciales, prácticamente para vender cualquier producto o servicio. Estas técnicas de prospección son para todos los presupuestos. Es decir, técnicas que no necesitan ninguna inversión, junto con otras que si necesitan algo de recursos económicos para producir prospectos. También cabe destacar que son estrategias que nos compartieron vendedores exitosos que entrevistamos para el propósito de ese libro. Son técnicas comprobadas que, de ser aplicadas correctamente y de manera constante, se podrá lograr el éxito anhelado.

La lista:

La lista es un método de prospección muy fácil de realizar y obviamente no tiene ningún costo. ¿Qué es "la lista"? Es simplemente anotar todos los nombres de las personas que conocemos y a las que tal vez podría interesarles nuestro servicio o producto. Familiares, amigos, compañeros de trabajo, compañeros de la escuela, compañeros del club, vecinos, la persona de la tintorería, la persona que nos atiende en la tienda esquina, personal del supermercado. Prácticamente cualquier persona dónde podemos interactuar en un día se anotará en esa famosa lista. No importa que no tengamos el teléfono o contacto completo de dicha persona, siempre y cuando tengamos nuestra lista, empezaremos a calificar cada nombre que hay en ella por importancia de prospecto.

En otras palabras, vamos a evaluar a cada persona de una escala del 1 al 10: ¿Qué tanto nos podría comprar? 10 seria con más posibilidad y 1 con la menor probabilidad. Cuando terminemos esa lista, empezamos a contactarlos.

Nombre	Teléfono	Email	Calificación

2. El stand:

La idea de tener un stand para promover sus servicios o productos puede parecer algo simple y tal vez no muy atractivo. Sin embargo, para muchos negocios es una técnica de prospección muy efectiva. Para tener un Stand productivo necesitas tener un mueble rotulado con el logo de tu empresa o de tu producto acompañado de volantes con la misma información. La idea del estado es de cera venta en ese punto si no es de recolectar datos para posteriormente hacer llamadas de seguimiento y cerrar ventas. Obviamente la ubicación es muy importante, debe estar localizado en lugar con mucha afluencia de gente y también tener los permisos para operarlo. El costo de un Stand bien presentado no es elevado e incluso podría ser una excelente herramienta para incrementar los números.

3. La isla:

Una isla de promoción es algo como un stand, con mayor presentación. La Isla puede incluir tecnología como pantallas, computadoras o un aparato para cobrar a los clientes. Normalmente se coloca en centros comerciales con muchísima afluencia de personas. El objetivo es lo mismo es decir obtener clientes potenciales, también cumple con un segundo objetivo, desear venta en ese mismo punto. La inversión de una isla de promoción es considerable, ya que se tiene invertir en la construcción de la misma y también pagar una renta.

4. El "Blitzing":

El "Blitzing" es la actividad de llegar a una empresa, escuela, casa o hasta una tienda o pequeño comercio y ofrecer los productos que estamos promoviendo. En México también lo conocemos como "cambaceo". Es una técnica obviamente sin costo que requiere mucho tiempo y muchas agallas, ya que no es fácil llegar de la nada ofreciendo algo que queremos vender. Como en la isla, y en el stand también en el blitzing se necesitarán hojas de papel, bolígrafo o dispositivo para recolectar datos y hacer seguimiento posteriormente.

5. La llamada en frío:

Estoy un poco sorprendido de saber que hay empresas que hacen llamadas en frío. No digo que esté mal, sin embargo, me parece que es una técnica que antes funcionaba porque no teníamos los recursos como el internet para filtrar bases de datos. La llamada en frío consiste en llamar precisamente a una base de datos que nos proporciona una empresa, sin embargo, no son calificados como prospectos o más bien interesados. Es decir que llamamos a mujeres y hombres que tienen poco interés en nuestros servicios. La tarea de la llamada en frío es elevar ese interés hasta llegar a un cierre de ventas. Es una técnica que, aunque va desapareciendo, es muy buena siempre y cuando sepas que tu objetivo principal aparte de cerrar la venta es el de subir el interés de la persona a la compra de tu servicio o producto.

6. El "inbound sales":

El inbound sales es la evolución de la llamada en frío. Es decir, vamos a hacer llamadas a interesados y no a prospectos con poco o ningún interés en nuestros servicios. Para realizar una llamada de "inbound sales" necesitamos usar una página de Internet o, como es llamada en mercadotecnia; una página de aterrizaje (landing page en inglés). A través del internet, especialmente con una página de búsqueda como Google o en las redes sociales, vamos a producir una publicidad y solicitar a los interesados de dejar sus datos en nuestra página de aterrizaje. Esos datos se recolectan y se realizan llamadas para proporcionar la información al prospecto y posteriormente cerrar ventas. En muchas empresas pequeñas, medianas o grandes, se usan esos procesos de ventas con mucha inversión, en especial: Google adwords, Facebook y Twitter, produciendo publicidades y pidiendo los datos de los prospectos, esos prospectos se van en un CRM (un programa de tratamiento de datos) y eventualmente se puede asignar a un call center, que hará llamadas de ventas, podría parecer complejo pero no lo es si tiene un negocio propio pequeño o o simplemente eres un vendedor independiente es posible reproducir este modelo con muy poca o mucha diversificación, dependiendo de los recursos que tiene para promover tus servicios en internet, a través de Google adwords o Facebook. Para tener éxito en este modelo, es portante tener una página de aterrizaje o una página internet donde sea posible recolectar los datos de interesados y verá que las llamadas serán mucho más productivas, ya que no son prospectos, pero si interesados. En esta obra no vamos a tratar esa formación a detalles, sin embargo, existen muchos tutoriales, libros, cursos que se dedican a ello. Pero insisto, no es tan necesario ya que es un proceso bastante fácil. La única diferencia para obtener muchos o pocos prospectos será realmente en la inversión de la publicidad que hará con esos medios.

7. Redes Sociales:

La búsqueda a través en las redes sociales hoy en día es obligatoria. Para tener éxito en la prospección con las redes sociales, por favor toma en cuenta estos consejos: 1. Si usas Facebook, si puedes usar tu página personal para promover tus productos, sin embargo, es importante tener otra página, como le llaman en Facebook, una fan page, para hacerlo. Aumenta tu visibilidad haciendo unos posteos relacionados con tus productos. Dale valor a tu página con contenido que podrías explotar para ayudar a tus futuros clientes. En otros términos, en esa página no vas a compartir lo que desayunaste, lo que compraste para tu sobrino o compartir la foto de tu gato jugando con una pelota. 2. Es importante dividir tus redes donde vendes tus servicios y usas tu página personal para fines personales. Investiga todas las redes. 3. Existen plataformas que se dedican a un público diferente. Por ejemplo, si vendes servicios para empresas te recomiendo tener un perfil en LinkedIn. Si vendes productos de consumo masivo podrías usar Instagram con unas excelentes fotos para presumir tu producto. 4. La mayoría de las redes también te da la opción de producir publicidades pagadas. En la mayoría de los casos es muy fácil de usar. También puedes investigar en las redes gente que se dedica a diseñar esas publicidades con costo muy accesible. Lo interesante es que lo puedes hacer con muy poco presupuesto. 5. Por último debes de tener la expectativa correcta con la promoción en las redes ya que en muchos casos pensamos que con muy poca inversión y mucho ruido en las redes las ventas llegarán solas. No es así. Recuerda que las redes no reemplazan al vendedor, sólo es una herramienta de prospección que te puede llevar a tener más prospectos sin embargo si tu proceso de ventas y tu cierre no es efectivo no podrás incrementar tus números solamente con posteos y publicidad en las redes sociales. Tampoco el número de seguidores es la clave de tus ventas, no porque tengas miles de seguidores, automáticamente se van a transformar en compradores.

8. Página web:

La página web es realmente una tarjeta de presentación. Muchas personas el día de hoy piensan que es importante tener una cuenta de redes sociales por ejemplo en Facebook y que no es necesario tener una página web. No es así, si quieres usar el internet como herramienta de prospección, debes tener una página web. La ventaja es que hoy puedes tener tu página de manera gratuita ya que existen varias plataformas que te ofrecen ese servicio. Asegúrate que tu página web, incluya un formato de datos donde tu prospecto pueda dejar: su nombre, su apellido, su correo electrónico, y su número de teléfono. Esos datos te permitirán hacer llamadas de inbound sales, como lo vimos anteriormente. Esos prospectos tienen un interés alto para comprar sus productos.

9. Reuniones de información:

Hay vida fuera de las redes e internet. Tener contactos con tus prospectos en persona puede aumentar la posibilidad de cerrar ventas. Puede organizar unas reuniones de información, en esos eventos se puede hablar mucho más de tus productos y platicar de las características y todos sus beneficios. Desayunos, comidas, reunión informal, etcétera. La ventaja de las reuniones informativas es que en lugar de llamar a un prospecto para solicitar una cita en su oficina o en su casa, le llamamos para invitar a un evento donde vamos a ofrecerle algo de valor para incitarlo a asistir. Si su producto es algo relacionado a la salud, podría organizar una conferencia que hablara de menú saludable. Si vende algo relativo al servicio financiero, podría organizar una sesión donde alguien proponga algunos unos consejos para tener sus finanzas personales más equilibradas. También puede organizar algún evento pretendiendo que vas a vender algo, una sesión para demostrar unos servicios e productos y que le podrían interesar. Sin embargo, si le puedes dar valor al evento, podrá lograr más prospectos y al final más ventas.

10. Levantamiento de muertos:

Una técnica con un título un poco agresivo, sin embargo, puede ser una táctica muy efectiva para encontrar clientes. El "levantamiento de muertos" es una revisión de los clientes o interesados pasados que ya no compran tus productos o, que, en alguna ocasión, estuvieron interesados y no completaron la compra. Cuando trabajé en la empresa "Education Frst", la empresa instaló un call center específicamente para atender esos clientes "perdidos", el resultado fue inesperado. De todos los clientes que había contacto la empresa y que no habían concretado una compra, en un periodo de 2 años, la fuerza de venta pudo recuperar 5% de esos clientes, alcanzó ventas cercanas a un millón de dólares.

11. Las bases de datos:

Más que una técnica, si no habla de la fuente para realizar las llamadas en fría que mencionamos anteriormente en este capítulo. Esta prospección se basa en el estudio de directorios generales o especializados. Dentro de este tipo de prospección encontramos a la sección amarilla, pero también podemos recurrir a directorios especializados que podemos obtener de Internet. A la hora de buscar bases de datos en internet hay que ser precavidos, ya que muchas bases de datos están desactualizadas, y más hoy en día, donde la rotación o la antigüedad de un puesto de trabajo es mucho menor a la que era hace unos años.

12. Prensa:

Este tipo de prospección se basa en la creación de anuncios en revistas o periódicos. Representa una inversión y deberá probablemente escoger la revista o periódico adecuado al producto o servicio que pretende vender. 13. Promociones directas: Esta prospección se realiza directamente en ferias, demostraciones, exposiciones, etc. El objetivo debe de ser asistir a la mayor cantidad de eventos en donde puedas encontrar clientes potenciales.

14. Promociones directas en asociaciones profesionales:

Asociaciones profesionales: Busca las cámaras o asociaciones en donde puedas encontrar tu mercado final colegio de contadores, médicos, abogados, ingenieros, cámaras de comercio, cámaras industriales, etc.

15. Los referidos:

Sin duda alguna esta es una de las prospecciones que más te puede ayudar a tener clientes potenciales, busca en tus familiares, amigos, clientes, antiguos compañeros, jefes, etc. Pídeles una recomendación para tu producto, recuerda que la confianza es uno de los factores principales para la venta. ¿Cuántas empresas aposta con los referidos para aumentar sus cifras? pero ¿Cuántas de ellas, tienen un sistema o procesos para realizar esa tarea? Hay dos obstáculos importantes para obtener referidos "reales". Uno, no se puede pedir a un nuevo cliente proporcionar referidos, ya que tendrá que esperar que el cliente tenga la plena satisfacción del servicio o producto adquirido. Dos, recomendar un producto o un servicio no es a la fuerza. Lo que tiene que lograr es conseguir esos clientes dispuestos y totalmente satisfecho. Eso puede ser complicado por la naturaleza del servicio o producto que vende. Sin embargo, si puede superar esos dos obstáculos, podrá aumentar su número de referidos y por ende, sus ventas.

16. Alianzas estratégicas:

Busca empresas que tengan un mercado en común, pero sin ser competencia. Ese tipo de alianza pude ayudar a generar más ventas. Busca alianza de "gana-gana", si tú vas a poder aumentar tus ventas, también tu aliado tendrá que ser beneficiado con esa asociación.

17. Seminarios, talleres o conferencias:

Además de tomar capacitaciones constantes para aumentar sus conocimientos de vendedor. Al realizar este tipo de eventos puedes obtener contactos para tu negocio.

18. En cualquier momento, puedes vender tu producto o servicio.

Una de las características que encontré a la hora de realizar encuestas y entrevistar a vendedores exitosos, es que estos últimos no tienen horarios y no esperan eventos específicos para vender. Cualquier momento es bueno, que sea en una reunión familiar o durante la presentación de una conferencia.

Tu carpeta de ventas:

1. Identifica el o los métodos de prospección adecuado para tu servicio o producto:

2. Evalúa el tiempo de prospección que necesitas para obtener el número de prospectos que necesitas para lograr tus objetivos de ventas.

3. Encuentra la conversión ideal para saber cuántos prospectos necesitas al día, a la semana, al mes versus tu meta de ventas. Es decir: ¿Cuantos prospectos necesitas para lograr una venta?

4. Encuentra el horario ideal de tus actividades de prospección y transforma esas actividades en hábito. Como lo mencionamos anteriormente, la actividad de prospección es tan importante que el cierre de ventas. Sin esa actividad, no podrás obtener prospectos, y no podrás ayudar a nadie a comprar

1. La prospección - **2. La bienvenida y declaración de capacidad** - 3. La exploración de necesidades - 4. La presentación de la empresa - 5. La presentación del producto o servicio- 6. La oferta - 7. El cierre 8. El seguimiento comercial.

2. La bienvenida y declaración de capacidad

La bienvenida y la declaración de capacidad son básicamente el primer paso un rompe hielo con el prospecto. Varias empresas usan script o textos para imponer al vendedor. No está mal, sin embargo, debemos dar la flexibilidad al profesional de ventas usando su talento y su carisma para establecer un primer contacto impactante con el cliente. En este paso hay dos elementos primero la bienvenida y segundo la declaración de capacidad: La bienvenida, es donde el vendedor se presenta de manera cordial y con mucha confianza a la persona que le va a comprar. Como mencionaba anteriormente, las empresas que establecen textos o escriben, pero debemos dar la oportunidad al vendedor de usar esas herramientas mezclado con su personalidad y talento. Con una sonrisa, el vendedor se debe acercar al prospecto, estrecha la mano se presenta con nombre y apellido dándole la bienvenida. Ejemplo: "Muy buenas tardes mi nombre es Christian Leclerc, bienvenido a la empresa…". O si prefieres al revés. Cuando se recibe un cliente de manera presencial, primero se menciona la empresa que representas y terminas con tu nombre. "Muy buenas tardes, bienvenido a mi empresa, mi nombre es Christian Leclerc...". Después de esa frase de bienvenida vamos a continuar con la frase de rompehielos. La primera impresión será el momento decisivo para desarrollar un proceso de venta exitoso, pero siempre la mayor dificultad es romper el hielo con el cliente. La mayoría de nosotros, vendedores, tendemos a tratar a los clientes como un extraño más, ignorando las necesidades que lo llevan a comprar un producto o servicio. Lo ideal es "hacerse amigo de los clientes" desde el primer instante, ya que de este momento tan especial dependerá el resto del proceso de la venta. Una de las técnicas de negociación para romper el hielo es el "Warm Up", que consiste en desarrollar varios pasos para ganarse la confianza del cliente y de esta forma llevar un proceso de venta eficaz. Lo primero es realizar una pequeña pausa con el cliente antes de hablar de negocios, un breve momento en el cual el vendedor y el cliente se dan a conocer entre sí. Algo muy importante que sabemos que a veces no tomamos en cuenta, el pecado del vendedor: asumir. No solo para el vendedor sino también para todos nosotros humanos, tendemos a juzgar, a opinar sin tener información. Lo seguimos haciendo hasta que nos sucede algo para darnos una lección. Es exactamente que me pasó. No hay como una lección de vida con experiencia propia, sin embargo, si esa experiencia puede hacerte entender que no debes asumir, juzgar y, sobre todo, saber preguntar antes pasar a las acciones, eso me hará muy feliz. Berlitz, en la empresa de servicios de idiomas donde trabajaba, se dedica a vender cursos de idiomas "premium", es decir que su mercado es exclusivo y que, los precios, como su calidad, son muy altos. De hecho, uno de sus cursos que se llama "Inmersión Total" que tiene una duración entre 2 y 6 semanas, y 7 horas diarias. Este curso permite a una persona que no tiene conocimiento de un idioma, podrá lograr un nivel funcional en muy poco tiempo. Un curso que funciona increíblemente bien. Cada semana, (hace unos 10 años) tenía un costo de dos mil dólares aproximadamente por semana. Este curso estrella no se vendía a menudo. Ese curso me ayudó mucho en mi carrera ya que yo si lo vendía a menudo como lo mencionó al principio de esta obra. El perfil de una persona para comprar ese curso debe de reunir tres aspectos; el primero, el tiempo, el prospecto debe de tener disponibilidad de tiempo. Segundo: la premisa.

Esa persona debe de tener algo de premura para aprender el idioma. Un cambio de residencia o algo similar. Y tercero: La capacidad económica del prospecto. Un día, entra una señora en el plantel. El aspecto de la dama era muy humilde, rasgos nativos aztecas (esa escena tomó lugar en la ciudad de México) ropa vieja, rota, zapatos sucios, etc. Mi primera acción: asumir. Asumí que esa señora no tenía dinero y que me iba hacer perder el tiempo. Mi reacción, no seguí el proceso, solo le hable rápidamente del curso y le lance el precio del curso 12 mil dólares para las seis semanas. La señora, me agradeció el tiempo y me dijo que le iba a hablar con su hija, porque el curso era para ella. La acompañé a la puerta, y yo podía seguir con mis otras ventas "seguras". El día siguiente, regresó la señora con su hija. Le pedí a la señorita de la recepción que lo atendiera. A los dos minutos, mi compañera de recepción prácticamente "salta" en mi oficina.

- "Jefe (como odio que me llamen así), la señora quiere pagar el curso" Un silencio, mi cara de emoji sin sentimiento dibujada en mi rostro.

- "¿Cómo?" conteste con un tono de víctima.

- Sí, me dijo que si podía pagar la primera semana en efectivo"

- "Voy", le contesté antes que acabara de terminar la frase. Voy a la recepción, me encuentro con la señora, y efectivamente tenía el dinero para la primera semana del curso. Su hija estuvo tomando las seis semanas, logró dominar el idioma inglés. Desde ese evento, no juzgo, o no asumo cual es el perfil de mi cliente. Siempre sigo un proceso de exploración de necesidades para poder ayudar un cliente a comparar independiente de su apariencia o de su actitud. Gracias a la señora Domínguez por esa lección de vida.

A continuación, te compartiré unos consejos para establecer confianza con tu cliente, crear una buena impresión. Siempre repito en las capacitaciones, que, para ayudar a un cliente a comprar, debes de realizar una charla amigable (con respeto) con tu prospecto. La diferencia de la charla normal a la charla de ventas es que tú, vendedor, debes de controlar la conversación.

1. ¿En qué puedo ayudar? Es la frase obligada obviamente porque recuerda que nosotros tendemos a vender un producto o servicio y en ese libro que estás leyendo vamos a tratar de cambiar esa mentalidad en no vender sino ayudar a alguien a comprar.

2. ¿Cómo se enteró de nosotros? Puede aplicar o no para tu servicio o producto, pero para muchos eso ayuda a saber por dónde viene el prospecto y también para confirmar cuál herramienta de prospección o promoción está funcionando. También ayudara tanto al cliente y al vendedor saber dónde empezar en ese proceso para ayudar a la compra.

4. Sé tú mismo: no intentes fingir lo que no eres ni sobre actuar para impresionar a tu cliente. Olvídate de las poses, no te muestres orgulloso ni presumes tus logros. Tu objetivo no es sorprender, sino ayudar a la persona que está enfrente de ti.

5. Muéstrate humilde: así le demostrarás al prospecto que eres noble y confiable. En consecuencia, te será más fácil romper el hielo.

6. En el primer contacto visual, di tu nombre y el de la empresa para la que trabajas, aunque no sea la primera vez que ves a este prospecto. Si no recuerda tu nombre, tal vez pueda sentirse incómodo.

7. Explica para qué has venido de una forma amable, incluso puedes usar un poco de humor.

8. Haz una pregunta o un comentario que obligue al cliente a responder, del tipo: "¿A qué se dedica su empresa exactamente?" o "Me gustaría saber qué le preocupa más en su negocio."

9. Ahora sólo tienes que ir llevando la charla hacia el tema que te interesa con objeto de empezar a exponer tu argumentario. Para el cliente será una transición natural, lo cual genera mucho menos rechazo que empezar diciendo: "He venido a venderle esto. ¿Le interesa?"

¿Y qué es la declaración de capacidad? La declaración Y capacidad debe ser un paso natural después de la bienvenida. Si un cliente que llega a pedir información o cualquier servicio o tal vez para comprar algo debe saber qué va a pasar en los siguientes minutos. Ese es un paso que no existe mucho, sin embargo, a los vendedores exitosos lo usan. La declaración de capacidad estar atada obviamente al producto o el servicio que está vendiendo en la venta consultiva o semi constructiva, como por ejemplo la venta de productos financieros seguros y servicios educativos ese paso es muy importante. La declaración de capacidad es sencillamente anunciar al cliente qué va a pasar en los siguientes minutos ejemplo:

• *(Después de la bienvenida) "En los próximos minutos, le haré unas preguntas, le platicaré de nuestros servicios y le recomendaré el servicio que satisfará sus necesidades, eso no durará más de X min", ¿está Ud. de acuerdo?" En mi experiencia, a la pregunta "¿Está Ud. de acuerdo?"*

99% de las personas tendrán a decir que sí. La declaración de capacidad es para tranquilizar al cliente para que sepa que va suceder en los próximos minutos, es para avisarle que se le harán preguntas para poder recomendar el servicio o producto adecuado. Primero debe ganarse el derecho a preguntar. Ese paso es la base en la filosofía para ayudar a alguien a comprar y no tradicionalmente venderle.

Tu carpeta de ventas:

1. Escribe tu bienvenida ideal. Usa las palabras que se acerca más a tu personalidad.

2. Practica tu bienvenida en frente del espejo.

3. Graba tus palabras de bienvenida y escúchate. ¿Te gusta lo que escuchas?, ¿Te inspira confianza?

4. En grupo: Si eres gerente comercial, no dejes la bienvenida fuera de tus capacitaciones. Práctica esas acciones de bienvenida, y recuerda a tu equipo la importancia de la primera impresión.

1. La prospección - 2. La bienvenida y declaración de capacidad - **3. La exploración de necesidades** - 4. La presentación de la empresa - 5. La presentación del producto o servicio- 6. La oferta - 7. El cierre

3. La exploración de necesidades

La exploración de necesidades es la parte del proceso donde el vendedor hará las preguntas para entender las necesidades del cliente. Los dos elementos importantes aquí son las preguntas relevantes y la capacidad de escucha del profesional de ventas. Empecemos a profundizar sobre las preguntas: En el ámbito de la venta existen 4 tipos de preguntas. Vamos a identificarlas y también vamos a ver en qué momento del proceso se debe usar.

1. Las preguntas cerradas son aquellas que comienzan normalmente con un verbo. Limitan las respuestas a "sí", "no" o "quizás", siendo las principales respuestas "sí" o "no". Con estas preguntas obtenemos poca información. Al iniciar la entrevista es recomendable no emplear las preguntas cerradas. En esta fase resultan muy útiles las preguntas abiertas. Sin embargo, las preguntas cerradas son muy eficaces para alcanzar un acuerdo y comprobar una opinión. Ejemplo de preguntas cerradas: a) ¿Qué horario tiene disponible? b) ¿Para quién es el producto? c) ¿Qué presupuesto tiene? d) ¿Para cuantas personas? e) ¿Han usado ese servicio antes? f) ¿Qué color le gusta? Para escribir ese libro, entrevisté a muchos vendedores exitosos y prácticamente todos usan una mezcla de preguntas cerradas y abiertas para obtener las necesidades de un cliente potencial. En revancha, varios libros de ventas condenan el uso de las preguntas cerradas, porque "no hace hablar" al prospecto. La clave está en el uso de los dos tipos de preguntas. El buen uso de las preguntas no está en la naturaleza de ellas si no en momento que se usan: usar la palabra correcta en el momento correcto, ayudará a un prospecto a comprar su servicio o producto.

2. Las preguntas abiertas son aquellas que comienzan con un adverbio o pronombre interrogativo: quién, qué, dónde, cómo, cuándo, cuál y por qué. Las preguntas abiertas implican al cliente para que nos desvele sus pensamientos, su experiencia, sus emociones y sus necesidades en profundidad. Son una excelente forma de investigación. Los vendedores que escuchan con atención las respuestas de las preguntas abiertas descubren rutas para avanzar en la entrevista, alcanzar la venta y desarrollar relaciones a largo plazo. Las preguntas abiertas son difíciles de no contestar ya que demuestran interés por el cliente. Mediante su uso, se puede iniciar, mantener y dirigir un diálogo. Por otra parte, las respuestas que se obtienen son concretas y completas. Ejemplos de preguntas abiertas: a) ¿Puedes ayudarme a entender eso un poco mejor? b) Qué significa eso? c) ¿Cómo están organizados? d) ¿La empresa está creciendo o estable? Platícame e) ¿Qué (producto/servicio) están usando actualmente? f) ¿Cuál cree que es su mayor fortaleza? ¿Debilidades?

Recuerda que en este paso del proceso, las preguntas son esenciales, ya que queremos saber las necesidades del cliente. Es importante que la persona que quiere comprar siente esa "obligación" y que no se trata de un interrogatorio policiaco. Limita tus preguntas para entender y captar exactamente las necesidades del prospecto. En capacitación presencial o en línea, me gusta ilustrar ese paso con la siguiente gráfica.

Proceso de exploración de necesidades **exitoso.**

Proceso de exploración de necesidades fallido

Preguntas =

Necesidades =

Lo que busco ilustrar es el uso de una buena mezcla de preguntas abiertas y cerradas enfocadas a encontrar necesidades, las necesidades del prospecto. No se debe preguntar solo por preguntar o ya que no harás suficientes preguntas precisas para encontrar la información que te permitirá ayudar al cliente a comprar.

Las preguntas de alta rendimiento: son esas preguntas que hacen pensar al cliente. Se toca la emoción. Las buenas preguntas producen una catarsis, una transformación. Éstas nos hacen crecer, buscar y dan sentido. Esas preguntas se usan para ayudarnos en el cierre de ventas y no son recomendables en la exploración de las necesidades. Primero porque no hemos ganado el derecho de hacerlo, y dos porque en ese paso del proceso estamos buscando datos para ayudar al prospecto y no ponerlo incómodo. Algunos ejemplos de preguntas de alto rendimiento:

"¿Qué cambios ha visto en su negocio, su competencia o sus productos en los últimos tres años?" , b) *"¿Qué pasaría si UD no domina el idioma inglés?"*, c) *"¿Qué es lo que le impide alcanzar sus metas?"*, d) *"Si tuviera que hacer que esto sucediera, ¿qué significa para usted personalmente?"* e) *"Si no resuelve (inserte el desafío particular aquí), ¿qué tipo de dificultades enfrentará en el futuro? ¿Qué no sucederá que quieras*

que suceda? f) "Si no existieran restricciones sobre usted (dinero, esfuerzo, asuntos políticos, etc.), ¿qué cambiaría? ¿Puede decirme por qué?" g) ¿Cuál es su historia?

Como se puede ver, las preguntas de alto rendimiento tocan los sentimientos, hacen reflexionar. Si identificas unas preguntas de alto rendimiento en relación con tu producto vs. el prospecto, te ayudará mucho para cerrar una venta. Sin embargo, ten cuidado. Para usar esas preguntas, debes de GANAR el derecho a hacerlas. ¿Cómo te darás cuenta? Cuando la persona frente a ti se sienta en confianza e identificaste que haciendo una pregunta de alta rendimiento no afecta tu cierre de ventas. Retomando el proceso completo, en la siguiente gráfica, identificamos, en qué etapas del dicho proceso debes de usar, las preguntas cerradas, las preguntas abiertas y las preguntas de alto rendimiento:

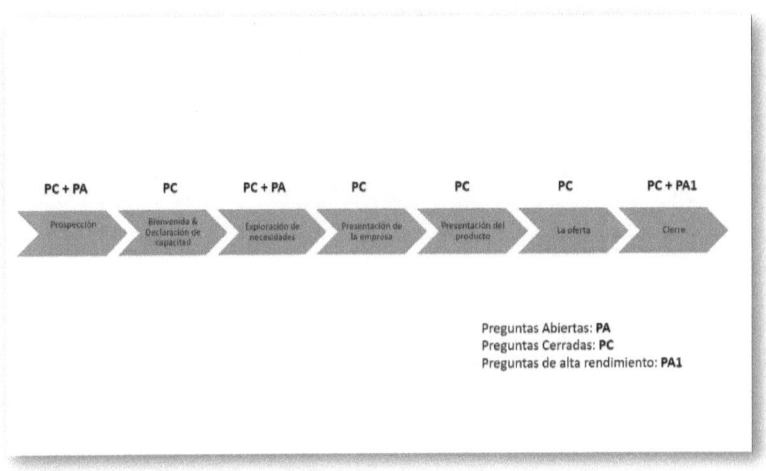

Las preguntas de alto rendimiento que usarás en el cierre deben de obedecer a dos reglas. La primera: Recurrir a esas preguntas porque no puedes cerrar una venta. Necesitarás tocar la emoción del prospecto.

Como breve paréntesis, los consumidores en general compran por emoción y no por razón, si el cliente tiene tiempo de reflexionar, analizar y pensar será mucho más difícil alcanzar una venta sin embargo si un cliente escucha su razón, será mucho más fácil que el mismo prospecto acceda a la compra. La segunda regla para usar las preguntas de alto rendimiento es que el vendedor se gane el derecho de hacer esas preguntas delicadas y le es posible tocar puntos sensibles del comprador. Por ejemplo, en un curso de idiomas, una pregunta que podría utilizar el vendedor: Si no habla el inglés al terminar ese fin de año, ¿Qué podría pasar con su empleo? Como puedes ver es una pregunta muy directa qué hace reflexionar al prospecto y también como lo pude constatar hacer ese tipo de pregunta es delicada, sin embargo, muy poderosa cuando el vendedor se ganó el derecho a hacerlas.

1. La prospección - 2. La bienvenida y declaración de capacidad - 3. La exploración de necesidades - **4. La presentación de la empresa** - 5. La presentación del producto o servicio- 6. La oferta - 7. El cierre 8. El seguimiento commercial.

4. La presentación de la empresa

Ese paso del proceso que estamos analizando, es la única etapa que no es obligatoria para todo tipo de venta. Si vendes servicios, es necesario usarlo, sin embargo, si venden productos o algo tangible este paso no será necesario. La presentación de la empresa es el tiempo que dedicas para comprobar una especie de credibilidad que respalde tu servicio o producto que pretendes vender. Si eres coach o eres un trabajador independiente y vendes tus propios servicios, hablarás de tu experiencia y o tus testimoniales. Para hablar de tu empresa tienes que respetar algunas reglas. Cuando nos apasionamos por nuestro trabajo o por nuestra empresa tendemos a hablar mucho de ello. Para nosotros no es tan aburrido, pero, para un prospecto, lo es. Por eso es importante que en ese paso seamos breves, concisos y usemos los elementos más importantes para poder ayudar a tu prospecto a comprar. Compartiéndoles una forma de exponerlo: cuando yo trabajaba en Berlitz: "Berlitz es una empresa que tiene más de 130 años, cuenta con más de 500 escuelas alrededor del mundo y ha ayudado a miles de estudiantes en su historia". En la capacitación inicial, cuando me volví vendedor director para esa empresa, la presentación de Berlitz tenía 3 hojas y para usarlas en mis asesorías de ventas, la resumí en la línea que acaban de leer arriba. Debes de hacer lo mismo para la presentación de la empresa o de tus servicios, algo breve, conciso y que te de la credibilidad que buscaría un cliente. Recuerda no extenderte en ese paso. El cliente viene a comprar y no a aprender toda la historia de tu empresa o tu propia historia.

PASÓ #4: Elaborar la presentación de tu empresa:

Para ayudarte a elaborar una presentación breve de la empresa, contesta las siguientes preguntas. Si eres un trabajador independiente o solopreneur, como coach, conferencista, asesor, haz lo mismo direccionando las mismas preguntas hacia ti.

¿A qué se dedica?

¿Cuánto tiempo tiene tu empresa en el mercado?

¿Cuántos clientes han servido?

¿Cuál es el propósito de la empresa?

¿Por qué nació esta empresa?

¿Tiene sucursales?

¿Cuántas?

¿Hay clientes "importantes" que te han contratado? ¿Es una empresa nacional o internacional?

¿Es una empresa líder en su ramo? ¿Cuál es la misión y visión de la empresa? ¿Cuáles son los valores de la empresa? b) Usa tus respuestas y escribe una breve presentación de tu empresa usando los elementos importantes que son susceptible de interesar, dará credibilidad y confianza a tu comparador.

Tu carpeta de ventas:

Para ayudarte con tu propia presentación de tu empresa, o de ti, si eres un "solopreneur" independiente. Asegúrate de contestar las preguntas previamente mostradas.

La prospección - 2. La bienvenida y declaración de capacidad - 3. La exploración de necesidades - 4. La presentación de la empresa - **5. La presentación del producto o servicio**- 6. La oferta - 7. El cierre - 8.El seguimiento comercial.

5. La presentación del producto o servicio.

Para la redacción de ese libro, no quise compartir mi experiencia, si no también pedir la opinión de vendedores exitosos que comparten la filosofía o que accedieron a entender la filosofía **de ayudar a un prospecto a comprar** y no venderle. Logramos a entrevistar a más de 500 vendedores exitosos, y una de las preguntas que realizamos fue: ¿Cuál es la cualidad más importante de un excelente vendedor? Verás que la palabra "cualidad" es muy amplia, y se puede interpretar de varias maneras. La respuesta más popular que recibimos fue: Conocer a fondo tu producto o servicio. 37.2% contestaron eso.

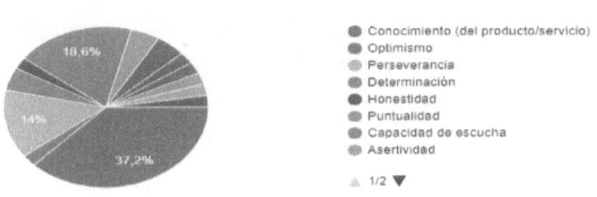

4. ¿Cuál es la cualidad más importante de un excelente vendedor?
43 respuestas

Una regla de oro: conoce tu producto. Si tú mismo no crees ni conoces tu producto, ¿cómo lo va a hacer tu comprador? Esta es una regla esencial que debes tener presente en todo momento, incluso antes de abrir las puertas de tu negocio. Es importantísimo que tú mismo conozcas lo que vendes, sepas cómo funciona, incluso que lo pruebes para ver sus características. La presentación de tu producto o servicio es una cuestión clave para toda empresa que quiere vender y hacer negocios. Lo más importante de una buena presentación es despertar el interés y demostrar que no eres como los demás, que tienes algo especial, que tu cliente o prospecto tiene un problema que tú puedes resolverlo.

Cuántas presentaciones son inefectivas, largas y aburridas, con demasiadas diapositivas y mal estructuradas, con horribles animaciones y sobrecarga de información; presentaciones que no venden nada. Una presentación de ventas debe ser breve, simple y concisa; tu audiencia va a retener un máximo de 3 a 4 mensajes por presentación, así que aprovéchalos para atacar a las necesidades del cliente y ganar su confianza. ¿Qué hacer antes de la presentación? Asegúrate que el objetivo de tu presentación sea transmitir tu mensaje en forma memorable y que mueva a la acción. Ya sea que la presentación la realices tú, un colaborador o un tercero, es necesario resumir la idea o temática principal en 15 palabras clave. Responde a la pregunta ¿qué quiero causar con la presentación? Tienes que saber qué quieres que pase como resultado de que alguien vea tu presentación. Los pasos para preparar una presentación:

- Corta, memorable, contundente. Aplica la regla 10-5-30 cuando te sea posible se sugiere que las presentaciones no deben contener más 10 dispositivas, ni durar más de 5 minutos y textos con letra de 30 puntos. Si en esos 5 minutos y con 10 diapositivas tu presentación no cumple con las expectativas, seguramente lo perderás.

- La simpleza debe ser su objetivo. Sé lo más claro e intencional posible en el mensaje y responde a la pregunta ¿qué quiero causar con la presentación?, ¿cuál es el resultado que espero cuando alguien vea mi presentación? Elige cada palabra pensando en tu cliente y en el resultado, quita todo aquello que sobre, sé claro e intencional.

- Crea diapositivas increíblemente visuales. Evita las viñetas o bullets (muy pasadas de moda), en su lugar confía en las fotografías e imágenes.

A veces en ventas los lugares no son los idóneos para presentar tu empresa, tienes que tomar en cuenta, el tiempo del comprador de hoy en día es muy corto. También muchos de ellos ya te investigaron o te investigarán en internet por lo cual no tienes que entrar en detalles. Y el otro punto, recuerda que el comprador le interesa tu servicio o tu producto. El buen vendedor que destaca es aquel que explica su proyecto en menos de un minuto, aclarando todos los puntos de una manera persuasiva. Para lograr eso, la presentación de tu empresa debe de contestar esas 4 preguntas:

1. ¿Qué es lo que hace?,

2. ¿Cuál es el problema que soluciona?

3. ¿Qué es lo que diferencia a tu producto o servicio?

4. ¿Por qué el cliente debe comprar conmigo?

Manteniendo cada respuesta breve vas a desarrollar una corta historia que no tomará más de un minuto.

Antes de presentar tu producto o tu servicio, tienes que saber muy bien todo aspecto relativo a este. Todo equipo de ventas necesita estar en constante capacitación para poder aumentar los ingresos de su empresa. Sin embargo, muchas empresas buscan "técnicas" de ventas de cierre de ventas. Muchas veces, el problema está en el conocimiento propio del producto o servicio. No hay mejor capacitación para la fuerza de ventas que probar o vivir lo que vende la empresa. Si vendes algo de educación, pide a los vendedores de tomar clase. Si vendes seguros, asegúrate de conocer a fondo tu producto, y deberás tomar capacitación constante para conocer la evolución de esos servicios que tienden a cambiar relativamente mucho. Uno de los vendedores que entrevisté para el propósito de ese libro, es asesor de arreglo funerario. Me comentaba que ellos también tienen que ver y asistir a todos los procesos de la incineración, etc. Esto es parte de la capacitación de un vendedor para vender ese tipo de servicio, que si tétrico puede parecer, es un excelente negocio. Es fundamental para todo vendedor conocer en profundidad el producto o servicio que vende, por ello es necesario analizar:

1. Características

2. Funciones,

3. Ventajas

4. Beneficios

Podemos decir que en general, no se compra un producto en sí mismo, sino que el comprador adquiere los beneficios que ese producto le reporta. En realidad, no siempre es así, pero sin duda, no todos los clientes conectan con la empresa o con el producto de la misma forma y es por eso que hay que conocer los atributos del producto que ofrecemos para permitir que los clientes puedan interpretar y conectar libremente. No todo el mundo compra una gorra con visera para protegerse del sol, algunos lo hacen para identificarse (o ser identificados) con su equipo favorito, otros para cubrir la pelada, otros por eligen según la tela, el color, la forma, la medida, el rendimiento, la marca, el diseño general o el tipo de ajuste y otros para parecer más juveniles entre otras razones. ¿Qué son las CFVB (Características, Funciones, Ventajas y Beneficios)?

- Características, descripción de lo que es el producto. Elementos constitutivos de un producto o servicio, inherentes a su construcción o diseño. Pueden ser una parte o rasgo visible: de qué está hecho, dónde se fabricó, su color, los materiales y procesos utilizados. Para un servicio, hablamos de los elementos, tiempo, cobertura, horarios, duración...etc.

Funciones, cómo trabajan las características. Una función es el propósito o tarea que se le atribuye a una cosa. Proviene del latín functĭo, funciōnis, y significa "ejecución o ejercicio de una facultad". Una función designa las capacidades propias de los seres vivos o de sus órganos, así como de máquinas, instrumentos o aparatos para desempeñar una tarea.

- Ventajas, por qué las características y funciones lo hacen superior Ventajas comparativas, en qué aspectos el producto tiene un rendimiento superior al de sus competidores. La ventaja está directamente relacionada con la característica. Podría decirse que es la ganancia que uno obtendrá por tener esa característica en lugar de no tenerla.

- Beneficios, es el uso positivo que un cliente hace de una característica del producto. El beneficio está relacionado con la ventaja, no con la característica. El beneficio es: "De qué le servirá la ventaja al cliente? ¿Por qué le convendría comprarlo? ¿Para qué le servirá? Es lo que la ventaja hará por su cliente o por su empresa.

Tu carpeta de ventas:

En resumen, cuando presentas tu producto debes de considerar tres elementos primordiales.

1. Haz una lista de las características de tu servicio / producto. Una característica es una cualidad que permite identificar a algo o alguien, distinguiéndolo de sus semejantes. Puede tratarse de cuestiones vinculadas al temperamento, la personalidad o lo simbólico, pero también al aspecto físico. Eso es la definición en encontraras de "característica en el diccionario. También nos referimos la descripción de tu producto o tu servicio: Color, duración, tamaño, horarios, peso...etc.

2. Haz una lista de los beneficios: "El beneficio es un concepto positivo pues significa dar o recibir algún bien, o sea aquello que satisface alguna necesidad. El beneficio aporta, adiciona, suma, y de él que se obtiene utilidad o provecho. Este beneficio puede ser económico o moral. En el primer caso sería cuando por ejemplo uno realiza una compra y se lo

beneficia pudiendo pagarla en cuotas, al mismo precio que al contado, o cuando el Estado otorga una exención impositiva a ciertos sectores sociales vulnerables. En el segundo habría beneficio moral, cuando alguien recibe el amor de los niños desamparados a cambio de su cuidado. En este último sentido, es común que los artistas realicen espectáculos, cuya recaudación se destina a beneficio de instituciones de bien público". Esa definición, encontrada en deconceptos.com es muy completa u describe muy bien que es un beneficio. Trata de enlistar diez beneficios de tu producto.

3. Encuentra los elementos únicos de tu producto. Ahora que tienes las características y beneficios, analiza bien lo que vendes y encuentra los puntos únicos. Normalmente para realizar esa tarea, debes de conocer muy bien tu competencia. Debes de conocer con quien "estás jugando". Sabiendo eso, podrás encontrar los puntos únicos de tu producto. No es un secreto que la competencia es feroz en prácticamente todos los mercados. Seguramente que te encontraste o te encontraras con alguien que te preguntara: ¿Por qué debo de comprar contigo y no con la competencia? ¿Estás listo para contestar a esa persona que quieres ayudar a comprar? Si sabes muy bien los puntos únicos de tu producto, si conoces muy bien tu competencia, no tendrás problemas para contestar esa pregunta. Sin embargo, conocer los puntos únicos de tu producto, no es para contestar preguntas si para poder ayudar a comprar a prospectos y demostrar que se contigo que deben estar ya que tu pudiste demostrar que tu producto tiene ventajas únicas vs. la competencia.

La prospección - 2. La bienvenida y declaración de capacidad - 3. La exploración de necesidades - 4. La presentación de la empresa - 5. La presentación del producto o servicio- **6. La oferta** - 7. El cierre - 8. El seguimiento comercial.

Es el momento del proceso donde tienes que dar la "información" que el comprador vino a buscar: el precio. Una de las preocupaciones de los vendedores es cuándo y cómo hablar del precio con el cliente. El precio es muchas veces un punto de conflicto del personal de ventas consigo mismo debido a que es un punto sensible para el cliente. Sensible significa, que por un tema de precio puede perderse una venta. Por este motivo la tendencia de los vendedores es a retrasar el máximo el hablar del precio (algunos vendedores piensan que cuanto más retrase el hablar del precio más posibilidades de cerrar la venta). Porque decir el precio al final del proceso (o justo antes del cierre) , es que en nuestra filosofía de ayudar al cliente a comprar, el prospecto debe de conocer todos los aspectos del producto antes de saber el precio y no al revés. Para ayudar al vendedor a no tenerle miedo al precio, tendrá que recordarte esos tres pilares:

1- Le guste o no tendrás que hablar del precio, y mejor hacerlo llevando el proceso que estamos enseñando en esa obra.

2-Todos los productos y servicios tienen un valor económico, es decir, tienen un precio, y el cliente sabe que esto es así, con lo cual no es necesario esconderlo, lo importante es decidir el momento tratar el tema.

3- El precio es una realidad objetiva, que va a ser percibida de forma diferente por cada uno de los clientes. Esta percepción es la que debe gestionar el vendedor: ayúdale a comprar, NO VENDAS.

Cuando hablar del precio:

1- Justo después del momento álgido en que el cliente ha manifestado un claro interés por nuestro producto o servicio. En este momento la emoción del cliente está a su máximo y su resistencia va a estar más baja, lo cual significa que va a manifestar una menor oposición.

2- Cuando conozcamos todas las necesidades del cliente y tengamos la certeza de que lo que le estamos ofreciendo es realmente lo que necesita. En esta situación podremos defender con seguridad cualquier objeción al precio.

3- Cuando el cliente no tiene otra opción que la nuestra, bien sea por premura de tiempo, o por tipo de producto y servicio. Como hablar del precio: En función de la situación que se encuentra, el vendedor debe plantear el tema de precio de una forma distinta. Veamos algunos ejemplos.

1- Expresar el precio con la mínima relación precio/beneficio. Si un producto va a tener una duración de 3 años, podemos bajar el precio a precio/día. Cada día le costará un precio mínimo. En algunos casos nos podemos encontrar que el precio baja a unos mínimos que el cliente considera ya absurdos, si esto sucede debemos cambiar el ratio para que tenga un valor mayor, precio/semana, precio/mes.

2- Hablar de inversión y no de costo. La palabra inversión tiene una connotación positiva, por el contrario, coste la tiene negativa.

3- Poner ejemplos que tengan que ver con la vida diaria del cliente. Por ejemplo," la inversión que usted realizará será el equivalente a comprar unos de boletos de cine una vez por semana-

4-Dar por hecho que el precio no es un problema. Cuando se habla del precio se debe hacer de forma natural, con aplomo y con seguridad. Esta seguridad y aplomo el cliente la percibirá en el tono de la voz y en las palabras que se utilicen. El tono de voz debe percibirse con confianza, continuo sin titubeos y que facilite la comprensión (así el cliente no tendrá que volver a preguntar el precio). En cuanto a las palabras deben utilizarse frases cortas y con palabras sencillas que entienda el cliente, por ejemplo, "por este producto y la revisión anual que hemos comentado, la inversión es de xxx dólares".

5- Concretar lo que se ofrece y concretar el precio. Muchas veces los problemas que surgen a raíz del tema del precio se deben a que no se ha concretado exhaustivamente que es lo que se incluye y el precio exacto que se pagará por ello, por ejemplo, muchas veces nos encontramos frases como más o menos por lo que hemos hablado y pendientes de concretar el alcance del proyecto la inversión podría ser de unos xxx dólares". Esto puede servir para que el cliente se haga una idea, lo que sucede es que muchas veces este es el precio del que se acuerdan.

Tu carpeta de ventas:

1. Para tener éxito en la venta es imprescindible no tener miedo al precio.

2. El miedo condiciona nuestra forma de actuar, esto puede ser percibido por el cliente y hacerle dudar.

3. El miedo tensa el cuerpo, entrecorta la respiración y afecta al tono de la voz y condiciona las palabras.

4. Una buena manera de afrontar este miedo es preparar concienzudamente como planteamos el precio al cliente y practicar, practicar y practicar, hasta que salga de la forma más natural posible.

1. La prospección - 2. La bienvenida y declaración de capacidad - 3. La exploración de necesidades - 4. La presentación de la empresa - 5. La presentación del producto o servicio- 6. La oferta - 7. **El cierre** - 8. El seguimiento comercial

El cierre de ventas no es una actividad independiente. Un cierre efectivo es la conclusión de un proceso bien ejecutado. Si tu mente es condicionada a ayudar a alguien a comprar tu producto o tu servicio, tendrás menos probabilidades de fracasar durante un cierre de ventas. ¿Qué hay de las objeciones? las famosas ocasiones son parte del cierre. No es otro proceso no es algo que debes de considerar como una acción donde tendrás que estar a la defensiva para lograr una venta. Si hay objeciones hay interés, y si hay interés hay grandes probabilidades que compren tu servicio otro producto. Sólo hay que estar preparado para saber manejar esas objeciones para lograr tu objetivo. Alex Dey, un gran vendedor exitoso, excelente capacitador y autor de varios libros sobre el tema de las ventas, decía que vender es usar las palabras correctas en el momento correcto. Es justamente lo que debemos hacer en el cierre de ventas. un vendedor exitoso debe de manejar dos o tres cierres de ventas efectivo en esa parte del libro te mostraré siete técnicas qué podrías aplicar. Recuerda que no debes usar esos doce cierres en cualquier momento si no usarlos con las palabras correctas en el momento indicado. Esos cierres de ventas provienen de la investigación que hicimos a los vendedores exitosos que hemos entrevistados. También, algunos vienen de mi propia experiencia y de la filosofía de ayudar al cliente a comprar y no a venderle.

Cierres de ventas famosos y efectivos: Para identificar y recordar los diferentes cierres de ventas les puse un título ligado a un personaje histórico. Por ejemplo, el cierre "Marcel Marceau" está relacionado con el manejo del silencio durante el proceso final de la compra.

1. La técnica "Napoleón Bonaparte": Mas aparte de ser conocido por ser un conquistador, Napoleón Bonaparte es muy reconocido por ser un estratega astuto y muy analítico. Después de haber presentado la oferta del producto el cliente todavía no está seguro de comprar. Ayúdalo a saber qué es lo que está pasando independiente del servicio o producto que vendes encontrarás una serie de preguntas para saber realmente cuál es la razón porque no puede comprar en este momento. Sabiendo esa información podrás reajustar tu cierre y poder ayudarlo a comprar en este momento: Ejemplos: a) ¿Hay algo que no le gustó?, b) ¿Escuchó algo de nuestra reputación que no le pareció? c) ¿Tiene algo que ver con la calidad? d) ¿Hay algo que no entendió en la presentación? e) ¿Tiene un problema con la inversión? Como podrás ver se usa una serie de preguntas para saber realmente la razón del porqué el cliente no va a comprar o demora en comprar en este momento. Cuando identifica la razón correcta ya podrás iniciar la negociación de acuerdo con el problema o la objeción que el cliente pone para poder comprar en este momento. No asumes, pregunta y veras que podrás recuperar más ventas de lo que tú puedes imaginar.

2. La técnica "Muhamed Ali": Aún que esa técnica va un poco encuentra de la filosofía elaborada en esta obra, admito que puede funcionar a la hora de tener un prospecto un poco difícil con una actitud de resistencia a la presentación de ventas. Esa técnica de cierre de ventas es algo como retar a un prospecto que definitivamente cree que tu servicio o producto es peor qué otros lugares o la competencia. Cuando pasa eso, les recomiendo la técnica del famoso boxeador Cassius Clay alias Muhamed Ali. Para manejar ese tipo de cliente puedes usar la siguiente frase: "En este momento le comprobó qué mi servicio es mucho mejor de lo que ha visto antes, ¿Va a realizar la compra ahora? Puede sonar un poco agresivo, sin embargo, a veces en venta hay que ser firme demostrando mucha confianza. Sólo ten cuidado en no confundir agresividad de un vendedor a la agresividad humana. No somos guerreros o boxeadores cómo le indica el nombre de esa técnica, pero a veces hay que ser un poco firme para poder ayudar a un prospecto a comprar. en lo personal no es una de las técnicas que he usado mucho, pero por las entrevistas que he realizado para la redacción de esta guía de ventas, me he dado cuenta que varios profesionales de la ventas han usado esa técnica y ha funcionado muy bien.

3. La técnica "Merlin": Tal vez no es una técnica, si no un estado mental. Muchos de los vendedores exitosos que hemos entrevistado para ese libro son gente positiva y que también tiene un buen equilibrio entre su vida personal su vida laboral y también su lado espiritual. La gente positiva suele a pensar positivamente y son personas que visualizan las cosas buenas qué podría pasar. La técnica "Merlin" se relacionada con la magia del positivismo, de la actitud ganadora. Específicamente, el profesional de ventas que es positivo se asegurará que cada vez que entrevistará y presentará su producto siempre debe de confiar en sus habilidades y pensar, VISUALIZAR que el cliente que está enfrente de él comprará su producto. Suena un poco mágico o no tan serio, pero funciona. Inténtalo, imagínate que hoy, todos tus clientes que vas a visitar te van a comprar. Tal vez, no todos te van a comprar, pero mucho más de los que realmente te imaginas. Inténtalo, de verdad, te sorprenderás.

4. La táctica "Richter": Charles Francis Richter fue un sismólogo estadounidense que estableció, una escala para medir los terremotos. Esa técnica me parece muy interesante ya que es algo que sorprende, hace pensar al cliente sin tocar temas sensibles como una pregunta de alta rendimiento. El prospecto, escucho toda la presentación, se le ofrece la solución y el precio. Sin embargo, sigue dudando. ¿Qué puedes hacer? Usar la táctica de la "escala" que funciona así: "En una escala del 1 al 10, 1 representando el "NO" y el 10 "SI", ¿Que tan factible que UD.

adquiere mi producto hoy? Aquí hay dos caminos. Si el cliente dice: "10". No argumenta más, pide su tarjeta de crédito, el dinero o el proceso de compra que usas. Si el cliente dice "8" (que en mi experiencia y la de varios vendedores) es la respuesta más común. Le vas a decir al cliente: ¿"8"? ¿Qué falta para llegar a 10? Pausa, y espera la respuesta. Aquí te vas a dar cuenta, realmente cual el obstáculo que impide tu prospecto a comprar. Con esa información, podrás ayudarle a comprar.

5. La técnica "Marcel Marceau": ¿Sabes quién es Marcel Marceau? Él fue un mimo y actor francés muy famoso. A Marceau se le atribuye el haber resucitado, casi individualmente, el antiguo arte de la pantomima. Es el icono del mimo con la cara pintada de blanca. Llame esa técnica así, porque el silencio es tu principal aliado con esa táctica. El mito que el siempre el vendedor o el cliente tiene que hablar, es justo lo que es: un mito. Así funciona: Si sigues bien el proceso de "No vendas: ayúdalos a comprar" lo último que debes salir de tu boca es la propuesta (características) el precio. Ejemplo: "El producto que UD eligió tiene una inversión de x dólares" . YA NO DIGAS NADA y espera la reacción del cliente. Recuerda que la regla en esa táctica: EL PRIMERO QUE HABLA PIERDE. ¡Te callas! espera que el cliente hable primero. Haz la prueba, veras que el silencio no durará mucho, escucha lo que te diga el comprador y ajusta con la información obtenida. Dos cosas pueden pasar: 1. El cliente te preguntara como hacer el pago o que sigue para el proceso de la compra. 2. El comprador expresara "una objeción" que podrás argumentar usando una de las otras técnicas de cierre expresando en ese capítulo.

6. La técnica rey Salomón: Personaje histórico que Tenía una gran riqueza y sabiduría. El rey Salomón no se complica mucho la vida a la hora de proponer soluciones a sus sujetos. Siempre tenía dos opciones. A o B. Es exactamente lo que vas a usar para cerrar una venta con esta técnica. Ejemplos: "¿Va pagar con tarjeta de crédito o efectivo?", silencio y esperas las respuestas. "¿Que programa vas escoger, el servicio X o el servicio Y? "Silencio y espera respuesta. "¿Cuándo le programó el pago, hoy en la tarde o mañana en la mañana? Silencio y esperas respuesta. En la conferencia "No vendes: ayúdalos a comprar" demostró esta técnica con el siguiente ejemplo que también puedes aplicar en la vida cotidiana. Mi esposa usa esa técnica increíblemente bien. Ella sabiendo que no soy una gran bailarín y adepto de las fiestas (ella sí), me comenta: "El próximo sábado nos invitaron a una fiesta con el tío. ¿A qué hora llegaremos: a las 8 o a las 10? ¿En qué momento me pidieron mi opinión? Nunca mi esposa usó una pregunta abierta como: ¿Te gustaría ir a la fiesta?, ¿Qué te parece?, ¿Qué opinas? ¡NO! Si tú eres o pretendes ser un vendedor profesional, no puedes y no debes usar esas preguntas abiertas. No puedes pedir una opinión en el cierre, debes de concluir, y esa táctica de las opciones, como lo hacía el rey Salomón, es muy efectiva para ayudar a una persona a comprar.

7. La técnica "Albert Einstein": Einstein usaba formulas y gráficas para explicar y exponer sus teorías. Es algo así que vas a hacer en ese cierre de ventas. Has hecho todo el proceso y el cliente lanza esa famosa frase: "lo voy a pensar"... En esa situación varios vendedores usan esa respuesta: "¿Qué es exactamente lo que va a pensar?, ¿Hay algo que no le quedó claro? No digo que está mal, sin embargo, si no usas el tono adecuado, podrá parecer algo agresivo para el cliente. La técnica Einstein propone lo siguiente: Toma una hoja de papel, y divídela en partes: En la primera parte vas a escribir: POR: y en la otra parte vas a escribir CONTRA: Le vas a preguntar al cliente de enlistar las cosas por la cual debería adquirir el producto / servicio. Después harás la misma pregunta, pero esta vez, le preguntaras de enlistar las razones del porque NO debería adquirir el producto/servicio. Guarda silencio y espera. Aquí pasan dos cosas. La mayoría de los clientes no tienen razones o argumentos para no hacer la compra en ese momento. (o razones realmente válidas). Si el cliente, expresa una, sabrás que será una razón válida, y tendrás que usar otros cierre de ese capitula para concluir la transacción. Si el cliente no tiene ningún argumento negativo, solo te queda pedir el dinero para cerrar la venta. En conclusión, el cierre de venta es algo normal, la conclusión de un proceso donde se le pide al cliente la aceptación y el dinero para completar la compra. El cierre será más difícil si no se sigue bien el proceso que hemos aprendido en ese libro. También aprendimos que hay que usar las palabras correctas en el momento indicado y que el buen manejo del silencio es un aliado indispensable.

Tu carpeta de ventas:

1. El cierre de ventas funcionara como la última etapa del proceso. Es decir, debes de seguir el proceso. Debes de asegurarte que todo es claro para tu prospecto antes de ejecutar un "cierre de ventas".

2. Debes de manejar 3 o 4 cierre de ventas. En la práctica, usaras 1 o 2 técnicas. Conocer más practicas te permitirá adaptarte a la situación y a la personalidad del cliente que quieres ayudar para que te compré.

3. Existen varios tipos de personalidades de cliente. 1. El consumidor: Él no sabe muy bien de tu servicio o de tu producto, sin embargo, tiene la necesidad. Este prospecto está orientado a la transacción, y le importara el precio y el resultado. 2. El prosumidor: Esa persona sabe muy bien de tu producto y de tu empresa. Tiene preguntas muy específicas, y deberás estar muy bien preparado para poder concluir la venta. Ese individuo está orientado a la información y/o también a la relación. Una persona orientada a la información necesita muchos elementos para poder proceder a la compra. La persona orientada a la relación, le importa la personalidad, la confianza que inspira el vendedor. Si puedes identificar esas personalidades, podrás ejecutar el proceso de manera a llegar al cierre adecuado para poder concluir la venta y ayudar al prospecto a comprar.

1. La prospección - 2. La bienvenida y declaración de capacidad - 3. La exploración de necesidades - 4. La presentación de la empresa - 5. La presentación del producto o servicio- 6. La oferta - 7. El cierre - **8. El seguimiento comercial**

El seguimiento:

Hace un par de años mi esposa y su servidor buscábamos un seguro de cobertura médica para toda la familia. Una prima de mi esposa nos recomienda una señora que es representante comercial de una importante compaña de seguro. Tenemos una cita en un café popular en la ciudad de México. La vendedora de edad madura nos atiende muy bien y hace las preguntas adecuada para entender nuestra necesidad, nos hace una breve presentación de la empresa para cual ella trabaja y finalmente nos recomienda el producto adecuado para nosotros. El precio nos parece excelente, solo que queremos ver unos detalles para el pago. Acordamos una fecha, para ver los detalles de la compra así que los documentos requeridos. Todo suena bien hasta el momento, sin embargo, no se hizo la compra. porque la vendedora nunca hizo la llamada acordada, y menos llamadas de seguimiento. Ningunos correos, llamadas, mensajes de texto, WhatsApp o cualquier otro medio de comunicación. Después de un par de semana, fuimos con otro representante a ejecutar la transacción ya que todo el proceso se había hecho antes. Por curiosidad, y tal vez por "deformación" profesional, le pregunté al vendedor que había pasado con la señora que nos había atendido antes. El me contesto que la representante, le había comentado, que no íbamos a comprar un seguro, porque no demostramos mucho interés en la reunión inicial. (¡!) . Aquí hubo dos problemas: 1) La vendedora asumo y no confirmó. Un tema que trataré más a detalles en ese libro. 2) La representante ni siquiera hizo por lo menos una llamada de seguimiento, ni correo o mensaje instantáneo, nada. Varias investigaciones se han hecho para demostrar la importancia del seguimiento. Las cifras pueden variar por industria, servicio o producto, sin embargo, puedo afirmar que 45% de las oportunidades de negocio se pierden por falta de seguimiento y si sumamos que el vendedor promedio no realiza más de dos llamadas o seguimientos, podemos comenzar a descubrir cuál es la solución al problema de la baja productividad de la fuerza de ventas. El seguimiento que hablaremos en este capítulo es el seguimiento comercial, no la post venta. Estamos hablando de un seguimiento de un prospecto que no compro en la fase precedente del proceso. Ahora el vendedor debe de seguir el cliente hasta que compre el servicio o el producto que pretendes vender. Antes de iniciar un seguimiento comercial hay que aclarar unos puntos. Depende de la naturaleza del servicio que estás promoviendo, no es un fracaso llegar a esa etapa del proceso de ventas. Claro, que, si eres vendedor, director comercial o el propio dueño de tu negocio, todos queremos cerrar una venta lo más rápidamente posible. Si todo los libros y cursos de cierre de ventas funcionaran, no existiera el seguimiento, y todos comprarían con una facilidad utópica. Ten en cuenta que el seguimiento es un proceso normal, y que para seguir vendiendo hay que tenerlo muy organizado. Mi sugerencia, es empezar para establecer tres objetivos desde que estamos ayudando a un prospecto a comprar:

1. El primer objetivo: La compra se hará hoy. Asegurar que hay una transacción con dinero. En otras palabras, el prospecto compra el producto o el servicio o deja un apartado. Dependiendo de lo que vendes, puede ser una orden de comprar, firma de documento como pagaré, una transacción electrónica, firma de contrato, etc. Siempre hay que tener en mente, que el objetivo primordial, es que HOY el cliente va comprar. Todos nuestros esfuerzos, técnicas y proceso deben estar enfocado a la compra de inmediato.

2, El segundo objetivo: Seguimiento; Establecer una fecha, hora y lugar del próximo encuentro. Insisto mucho en que nuestra energía debe estar enfocada en cerrar una venta de primera instancia. Pero en el mundo real eso no pasara siempre. Ya que usaste tu proceso, tu talento, los cierres de ventas efectivos, el cliente no está listo para hacer la comprar aún. En lugar de despedir la persona y esperar que regrese, vamos de una vez a comprometernos en una fecha de seguimiento PRÓXIMA. La información debe incluir: DIA, HORA Y LUGAR. Cuando estoy dando formación a los vendedores uso ese ejemplo para enfatizar la importancia y la relevancia de bien programar una cita o evento de seguimiento: Imagina que entras en un lugar y te encuentras con el hombre o mujer de tus sueños. En este momento, esa persona no tiene tiempo sin embargo esa persona accede a verte otro día. Recuerda que es la mujer o hombre de tus sueños. ¿Vas a asegurarte de tener la fecha, el día y la hora para ver esa persona otra vez? La respuesta es sí. Entonces, cada vez que establezcas tu primera acción de seguimiento con un cliente potencial, asegúrate de tener la fecha, hora y lugar como si fuera a ver tu hombre o mujer de tus sueños.

3. El tercer objetivo: Obtener los datos: Como lo mencioné antes, no estamos en el mundo de los libros o mundo ideal para vendedores. Menciono eso, porque todos nosotros también somos compradores y no estamos siempre listos para escuchar o comprar un servicio o producto de inmediato. También como vendedor te vas a encontrar con gente con están listos, no tienen el tiempo o no están dispuesto a tomar una decisión en este momento para comprar algo. Los procesos de ventas funcionan, cuando el cliente acepta seguirlo. Tal vez voy a usar una analogía un poco exagerada, pero lo define muy bien: No puedes forzar a alguien a amarte. Es lo mismo en la venta, si el prospecto no está dispuesto a seguir tu proceso, tendrás muchas dificultades a ayudarle a comprar algo. No podrás cerrar una venta en el momento (objetivo #1) y tampoco podrás programar una acción de seguimiento (objetivo #2). Entonces, tendrás que conseguir los datos de ese prospecto y tratar de comunicarte con esa persona después.

Ahora que hemos establecido los 3 objetivos del proceso de venta, vamos a enfocarnos al objetivo numero 2: El Seguimiento. Para lograr un seguimiento bien organizado, profesional y poder cerrar ventas con ese sistema, debemos respetar algunas reglas.

1. Establecer una fecha, hora y lugar de contacto próximo si no se puedo cerrar la venta de inmediato:

2. CRM: Para realizar un buen seguimiento de ventas, es recomendable usar un software para así obtener resultados más efectivos, los cuales ofrecen la opción y las herramientas para verificar las razones por las cuales se pierden las ventas con facilidad, para que así se puedan evitar. Hoy en día las empresas tienen un programa de seguimiento o "CRM" (Customer Relationship Management). Si eres independiente o estas al frente de una micro o pequeña empresa, no necesitas un programa muy complicado, pero si es necesario usar un programa de seguimiento, aunque fuese una hoja de cálculo, o usar todo el potencial del Outlook o el Gmail.

3. Los medios para hacer seguimiento son: Teléfono (Llamada), teléfono (WhatsApp) y correos electrónicos. Con el teléfono no insistas tanto como con el email. Intenta siempre añadir valor. Así tus correos pueden ser: "Hola Juan José. Te adjunto un reportaje que apareció en la prensa sobre el producto te comenté. ¿Te puedo llamar el miércoles a las 11 y hablamos brevemente sobre el tema?". Acerca de los correos, muchas empresas ya programan un "flujo" de correo con información de valor. Tal vez es algo que podrás explorar. Independiente de la llamada tradicional, el "WhatsApp" o el correo electrónico, es importante que el cliente te dio la autorización para hacerle el seguimiento, y que él se espera a recibir una llamada, un mensaje o correo. Tienes que ganarte el derecho de hacerlo. También es importante entender que un buen seguimiento no es un acosador, si no son llamadas programadas entre ti y el cliente. Recuerda que lo quieres ayudar a comprar y no venderle a fuerza.

4. ¿Cuántas veces debo de llamar a un cliente como seguimiento comercial? No hay un límite de llamadas, de mensajes "instantáneo" como el WhatsApp o de correo. La regla principal es que la llamada es programada y el cliente sabe que va recibir mensajes de seguimiento. Si no hay llamadas limites, talvez hay unas reglas de educación y de ética que debemos respetar, como llamar, mandar mensajes o correos más de uno por día. Si el cliente no contesta tus llamadas, entra al buzón, dale 3 oportunidades, manda un mensaje y un correo, ya no insiste, y dedícate a otros prospectos, que todavía no te dicen el sí voy a comprar o que de plano ya no les interesa.

5. No te olvides de las redes sociales. Re tuitea sus mensajes, síguelo en Facebook, haz comentarios en su LinkedIn, incluso envíale algún mensaje privado para recordarle que estás ahí.

6. Recuerda de no extenderte mucho. Nuestro tiempo es valioso así que no le hagas perder el suyo con emails interminables. Mantén un tono amistoso. No incluyas ninguna coletilla que le haga sentir mal o culpable como: "Ya que no contestas a mis llamadas, te mando este correo a ver si tengo más suerte".

7. Cuando el seguimiento comercial "estándar" ya no es posible, usa tu imaginación, por ejemplo, envíale una carta manuscrita. El correo tradicional (físico) es algo que pocas personas usas. Como es ahora de naturaleza "rara", puede ser un arma que te puede ayudar a lograr ventas vía el seguimiento. Te imaginas recibir una carta, escrita a la mano, y que te agradece el tiempo, ¿tu interés? Sabrás que el vendedor que te mando eso, tomo su tiempo, hizo algo fuera de la "normal" y te causara un impacto muy positivo. Algo que yo he hecho también, ha sido presentarme en la puerta de la oficina de un cliente. Al ser métodos que nadie utiliza, lo sorprenderás. De todas maneras, utilízalos con precaución ya que pueden ser demasiado intrusivos por lo que puedes molestar al prospecto y mandar al borde todo el trabajo realizado. La recompensa es para los que no arrojan la toalla y persisten en su trabajo. Asegúrate de cerrar todos tus "deals". Veras como mejoran tus

resultados. ¿Qué factores debes tener en cuenta para un buen seguimiento comercial?

8. Trata de determinar el tiempo de decisión de tu producto o tú servicio, tu potencial cliente decidirá en: ¿2 minutos? ¿2 horas? o en ¿2 meses? Debes de identificar estos tiempos y contactar con el cliente en los momentos adecuados.

9. Nuestro tiempo es muy valioso, pero el de nuestros clientes también. Esa es una regla que hay que tener muy clara, antes de iniciar cualquier acción de seguimiento. Es muy importante hacer estos seguimientos de manera muy precisa, como si fuésemos cirujanos a punto de utilizar el bisturí. De otra manera, corremos el riesgo de que nuestro cliente se "canse" de nosotros o que se sienta "acosado".

10. Cabe destacar, la importancia que tiene consensuar el próximo contacto, porque son pequeños avances que nos irán dando información para detectar el interés que tiene nuestro cliente en realizar la compra y si va a ser a corto plazo o no. Un cliente que te dice, "llámame en tres o cuatro meses, que ya lo tendré más claro" nos está dando malas señales, pero bueno, hay que seguir con el seguimiento y sobre todo, averiguar cuál es el motivo por ese retardo en la decisión. En este caso, el siguiente contacto, debe de ser sobre los quince días y allí intentar averiguar más cosas. Si su discurso es el mismo, entonces habrá que espaciar los siguientes contactos, pero los coordinaremos siempre con el cliente.

11. La emoción vs. razón: La mayoría de los compradores compran por emoción. Cuando la emoción es alta, la posibilidad de compra es alta, Es decir, si te gusta lo que ves y crees que va solucionar alguna necesidad, eres apto para comprar en el momento. Cuando empiezas a razonar; ver presupuesto, comparar la competencia, analizar a fondo las características del servicio o producto, la razón entra en acción, y la posibilidad de compra de inmediato es menor. Porque menciono eso, es para decirte que más tu seguimiento tardará, más la razón entrara en acción con tu cliente, y más difícil será la compra. Debes de acortar el

seguimiento lo más posible, o si no es posible, deberás de hacer reaccionar tu cliente jugando o convenciendo con la emoción y no la razón. El seguimiento nos tiene que servir para ir recopilando información, para estar en el momento de la toma de decisión y para saber si descarta la compra o si compra a la competencia. Un buen seguimiento, es básico para la venta. Si nosotros no mostramos interés en el cliente, ¿por qué debe hacerlo nuestro cliente en nosotros?

Tu carpeta de ventas:

1. El seguimiento debe de iniciar con un compromiso por parte del vendedor y cliente con una fecha, día y hora.

2. Dejar la puerta abierta al seguimiento

3. Escuchar activamente al otro

4. Llamar con algo de valor

5. Concretar siempre un pequeño compromiso con la otra parte. 6. No dejarnos llevar por el desánimo

CAPÍTULO 4: ACTIVIDADES PARA MEJORAR LA ESCUCHA

Una de las habilidades más importante para el vendedor es saber escuchar. Quién no ha escuchado esa frase: "Dios nos hizo con dos orejas y una lengua". Si eres director comercial, gerente o lideras un equipo de ventas, seguramente que te has dado cuenta de que muchas veces las oportunidades de aumentar la productividad de tu equipo de ventas están en su capacidad de escuchar y hablar menos. La base para tener éxito en el proceso de "No vendas: ayúdalo a comprar" es justamente eso. ESCUCHAR MÁS Y HABLAR MENOS. En esa parte de esta guía, te enseñare unas dinámicas y actividades para mejorar tu habilidad de escuchar.

1. El discurso: Escoge un discurso de un político (busca en YouTube). Prepara 10 presuntas. Piden al tu equipo de escuchar el discurso, y después sin avisarles, pídele de contestar estas 10 preguntas. Observa quien toma notas, quien no. Repite la actividad, esta vez, anuncia que tendrán que escuchar un discurso, y tendrán que contestar a unas preguntas. En las preguntas, trata de ser específico, como preguntar: nombres, fechas, horas, lugares, etc. La mejor manera de tener éxito con ese test es tomar notas con una hoja de papel y un bolígrafo. Ese es el objetivo principal, Vendedores, acostumbrarte a tomar notas. 1. Eso te permite anotar y no olvidar los detalles de las necesidades de un cliente.

2. Eso también muestra al cliente que estás escuchando y que tu le importas. Recuerda: "la memoria es la única facultad que olvida" 2. La entrevista: Escoge una entrevista (busca en YouTube) de una personalidad que te llama la atención. Después del audio o del video, piensa a 5 preguntas que te gustaría hacer a esa persona. (Preguntas que no fueron usadas en la entrevista).

3. La retroalimentación: Busca un "discurso" de ventas en YouTube. Después, escribe tu retroalimentación a ese vendedor. Si estas en equipo aún mejor. Los juegos de roles son excelentes no solamente para mejorar

nuestras habilidades de ventas, si no también nuestras técnicas de escucha.

4. La atención visual: Observa (en un video) o en vivo dos personas caminando por un minuto... ¿Cuantos pasos ejecuta las personas en 1 minuto?, ¿De qué color es su ropa?, ¿Tiene un reloj?, ¿Tiene prisa?

5. Concentración visual en un texto: Busca un texto de 15 líneas aproximadamente. Cualquier tema que te llame la atención. Puedes escoger un texto de ese libro si lo deseas. Concéntrate en este texto. Léelo detenidamente. Autocontrola tus pensamientos y emociones para evitar las distracciones internas y externas. ¿Cuántas veces aparece la palabra "si" en el texto? ¿Cuántas letras "q" hay en el texto?

6. Concentración visual en una imagen: Toma una foto o escoge cualquier imagen que te INSPIRA. Pide a tu equipo de ver la imagen por 1 minuto. (Tú equipo o tú mismo para ejercitar tu memoria fotográfica y por lo consecuente tu escucha activa.) Prepara (por anticipación) una pregunta con las siguientes características) ¿Cuántas formas hay en la imagen? (Puede ser rectángulo, cuadrado, círculo óvalo, etc.)

Escuchar es unas habilidades, y como cualquier habilidad se puede mejorar si se entrena.

CAPÍTULO 5: CONSEJOS (500 VENDEDORES EXITOSOS)

Siempre me ha gustado investigar más acerca de los temas que comparto. La venta es algo que me apasiona, también conocer diferentes técnicas, ideas y sobre todo conocer vendedores exitosos. Lance una encuesta y una convocatoria en las redes sociales para entrevistar y encuestar a vendedores exitosos. La respuesta fue increíble con 512 participantes. En esa sección compartiré los elementos más importantes y sobre todo los mejores consejos, de vendedores reales que lograron el exitoso: "Sin el equipo de ventas de una empresa, no existirían los otros cargos de la organización. Son la columna vertebral, los que llevan las ganancias y por sobre todo los que día a día llevan la marca de la empresa en sus caras, en su ánimo a los clientes. Ellos reflejan el trato que le dan. El vendedor es la imagen de la empresa, son, la publicidad directa más efectiva". - Irene, CEO

A continuación, les comparto las preguntas que usamos en la encuesta y entrevista

De esos participantes fueron hombres 60% (307) y 40% mujeres (205).

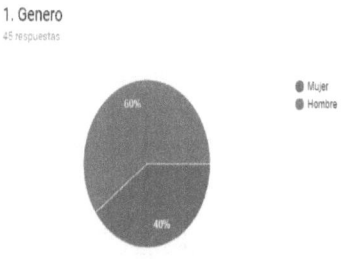

1. Genero
45 respuestas

A pesar de que entrevistamos más hombres que mujeres, me quedo con esa platica con Sandra que acaba de ser nombrada la mejor vendedora del mes, y que me comparto esa investigación: Un estudio sobre la eficiencia laboral de mujeres y hombres realizado por ForceManager, compañía dedicada al software de gestión de equipos comerciales, señala que la efectividad de las mujeres es un 13% superior a la de los hombres. El análisis ha investigado varias empresas de cinco sectores económicos (seguros, cosmética, telecomunicaciones, farmacia y de componentes para industrias manufactureras) y ha tenido en cuenta varios tipos de actividad comercial como son las llamadas, los e-mails, las visitas, la presentación de ofertas y otros tipos de interacción entre los vendedores y sus empresas clientes. Entre las conclusiones principales del estudio, destaca el dato que afirma que las mujeres consiguen los mejores resultados en ventas y, de media, cierran un 2,7% más de acuerdos. En lo personal, y en mi experiencia, el género no es un factor para determinar la habilidad o la eficiencia del vendedor. Dejo el debate abierto.

La edad de los vendedores exitosos. Nuestro participante más joven tiene 18 años y nuestro participante con más experiencia: 67 años. La mayoría de nuestros testigos tienen entre 25 y 34 años.

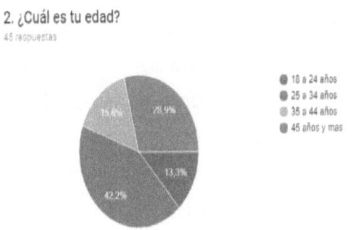

Esa siguiente pregunta es algo que uso en todas las capacitaciones y que también decide incluir en la encuesta y en la entrevista: ¿En qué categoría pondrías las ventas? El vendedor tenía tres opciones: 1) Ciencia 2) Deporte y 3) Arte. La mayoría de los profesionales de ventas consideran el vender es un arte. 31% asocian la venta a la ciencia y otros 17% la consideran como un deporte.

3. ¿En qué categoría pondrías las ventas?
45 respuestas

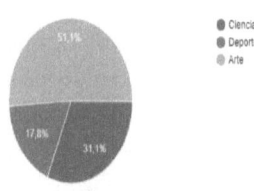

- ● Ciencia
- ● Deporte
- ● Arte

¿Por Qué esa pregunta? Por tres razones. La primera razón es por un libro que leí hace un par de años que se llama: "Véndele a la mente no la gente" de Jurgen Klaric . Es el primer libro (que yo leí) que asocia la venta con técnicas científicas. La "neuro venta: una ciencia nueva para vender más hablando menos" Ese libro me permitió asociar la venta a otra categoría además del deporte o del arte y ver otra faceta de las técnicas de ventas. Algo en común con "No vendes: Ayúdale a comprar" es que el vendedor es una guía que habla menos y actúa más para ayudar al prospecto a comprar. La segunda razón del porqué de esa pregunta en las encuestas y entrevistas me permite de observar los intereses de los vendedores. Cuando se necesita usar una analogía para explicar un tema en capacitación y entrenamiento de un equipo de ventas, sabiendo el tema de interés, eso me permite usar los ejemplos relevantes para asegurar la máxima comprensión. Y finalmente la tercera razón es para saber cómo se compara las ventas vs. otra actividad "similar" que necesita: disciplina, mucha práctica y pasión.

¿Sabes dónde la mayoría de los vendedores adquiere sus conocimientos? Honestamente llegue a pensar que la mayoría de los vendedores exitosos lograron su conocimiento en las universidades en las escuelas de negocios y eso todavía tomando mi propia experiencia que no fue el caso. En mi caso yo adquirí la mayoría de esos conocimientos en las empresas que he laborado más la lectura de varios libros sobre el tema. ¿Que contestaron nuestros 512 participantes? 37% de ellos aprendieron a vender en las empresas que los contrataron. 31% de ellos afirmaron que ya tenía esos conocimientos o se auto califican de "vendedor nato". 11% dicen que han participado a seminarios, conferencias y/o cursos de ventas para adquirir los secretos de las ventas. El 21% restante se dividen la adquisición de ese conocimiento desde la escuela (universidad y escuela de negocio), los libros específicos de ventas, y libros de autoayuda y motivación. Independiente de donde aprendieron el arte (el deporte o la ciencia) de vender, todos están de acuerdo que para ser un vendedor profesional hay que seguir tomando capacitación que sea aprender más del mismo producto que vendes, aprender nuevas técnicas de ventas o simplemente en leer libros para manejar la frustración, tema muy importante para un vendedor exitoso: la motivación. Como vendedor, siempre debe de estar motivado. Como líder, gerente o director comercial, siempre debes de estar al tanto de la motivación de todos los miembros de tu equipo. "Ventas es el pulmón de una empresa; no entiendo cómo no le dan importancia a esta a área teniendo el conocimiento que sin los vendedores la empresa quiebra en su totalidad, aun así, los contratan freelance, me han propuesto ser vendedor y les he preguntado a los reclutadores: ¿usted tiene experiencia en ventas? ¿Usted es capaz de salir a vender con nosotros todo el día y cumplir las metas diarias? ¿Trabajaría por comisión en sol, lluvia, sin dinero para comer ni tomar agua? ¿Una vez que gane experiencia como vendedor, pensara igual de pagarnos solo comisiones? O pagaría un salario fijo, digno, ¿y mejor pagado que los que están en oficinas esperando resultados? Salgamos y vamos a vender, solo ahí podrá valorar a los vendedores… "- Rodney , Gerente de ventas . Rodney explica muy bien la vida del vendedor, ese texto que parece una queja oficial, es también muy motivador. Preguntamos a nuestros voluntarios ¿Qué proceso de la venta es lo más difícil para un vendedor? Orientamos a nuestros contestadores con los siguientes elementos generales de proceso: 1. Bienvenida (o presentación), 2. Saber las necesidades del prospecto, 3. Conocimiento del servicio (o producto) a vender, 4. Presentar la solución, 5. Cerrar la venta, 6. Seguimiento.

50% de los vendedores nos confiaron que el proceso más difícil para ellos a dominar es el cierre de ventas. 20% comentaron que captar o entender bien las necesidades del cliente. 11% tienen problemas a la hora de iniciar o presentarse y 9% tienen problemas para proyectar seguridad y generar sentido de urgencia. Ningún vendedor que aspire a ser efectivo puede dejar de conocer a su cliente: quién es, cómo piensa, cómo actúa, cuáles son sus valores y motivaciones (personales y empresariales), cómo ha sido su experiencia previa como cliente, cuáles son sus retos como empresa, cómo compite y con quién compite y finalmente, qué espera y busca en el producto o servicio que le suministramos. Estas preguntas y otras más, adecuadas para cada caso, deberían ser parte o bien de la preparación previa del vendedor a sus visitas o contactos, o bien en su esfuerzo de conocimiento del cliente durante las visitas o relaciones que se tengan con él. La pregunta obligada que teníamos que hacer a nuestros participantes: ¿Cuál es tu secreto para vender con éxito? Para poder resumir todos los comentarios, que nos hicieron, ya que la pregunta era totalmente abierta. Me di cuenta, que podríamos categorizar las respuestas en 3 grupos. Numero uno: La técnica: En esa categoría, el vendedor exitoso respalda su éxito sobre su conocimiento del servicio o producto que el vende y también sus habilidades, técnicas de ventas. La segunda categoría está relacionada con la mentalidad y actitud positiva. Finalmente, la tercera categoría: la fuente del éxito es ligado a la motivación. Antes de mostrar los resultados, enlisto las principales respuestas de esa pregunta del millón:

Mentalidad y actitud positiva: 34%

Ser perseverante y superar metas, actitud; La perseverancia y constancia; Creer y disfrutar lo que hago; Espacios, tiempos, fluir, actuar, perseverancia; optimismo; ser constante; Brindarles a los clientes un tipo de calidez y de amistad a cada prospecto ya que así ellos se pueden sentir un poco más a gusto.; Seguridad en ti y en lo que ofreces; enamorar al prospecto del servicio que le voy a vender; confiar en mí, antes de la gente en mí; que el cliente me sienta que estoy segura que lo que le estoy ofreciendo es la mejor opción y sin dudar acepté; Ser empático, tener escucha activa y conocimiento del servicio; Honestidad; Estar seguro de uno mismo; Investigar al cliente antes de ir, y generarle expectativas;

La técnica: 58%

Tener al 100 por ciento los conocimientos del servicio; Escucha activa; Tener conocimiento del producto; Demostrarle al otro que me interesa mucho ayudarlo y que estoy para servirle; Conocer bien el producto; No contradecir al cliente y decir lo que quiere escuchar; Proponer con innovación soluciones; que lo que vendas sea real para que cumpla con las expectativas; Ser empático, conocer el producto/servicio, resaltar beneficios; el sondeo con el prospecto, conocerlo para poder identificar su verdadero interés y necesidad, son armas que utilizo en el cierre de la venta; Establecer un vínculo de confianza; Un correcto proceso de ventas genera un cierre sencillo.; tener conocimientos del producto; Comprar, vender y cerrar la venta; observadora de las necesidades de mi prospecto así como empática con él y hacer un buen rapport y un buen cierre; conocer el producto o el servicio que ofrezco, así como la competencia; conocer al 100% lo que estas ofertando; hacer el procedimiento correcto; Seguimiento constante, hacerte presente, dar opciones variadas; Conocer el producto al 100% y a mi competencia: Entender la necesidad del cliente

La motivación: 8%

Motivar y Proyectar; Estar motivado; Mi motivación; Encontrar tu motivación: Me motiva el dinero que puedo obtener. Para resumir la fuente del éxito de los vendedores exitosos, concluí que la mayoría de ellos (58%) atribuyen a su éxito al el conocimiento del producto y "técnicas" de ventas. 34% de ellos a la mentalidad y actitud positiva. Finalmente 8 % lo relaciona con la motivación.

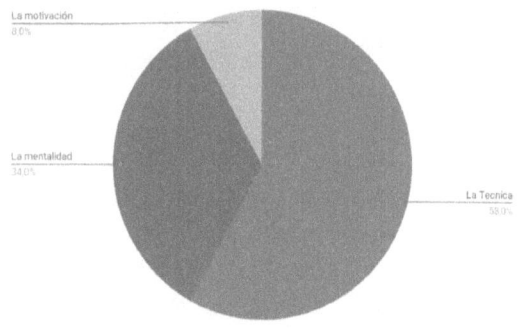

Con esas cifras, todos pueden sacar sus conclusiones como una de nuestra vendedora: "La mentalidad y actitud, de nada sirve saber todo acerca del producto si tienes una actitud nefasta." - Jatziry. También Ofelia, directora de ventas: *"La mentalidad y la actitud, porque la actitud te da la motivación de ser y hacer lo que se debe aun cuando de momento no se tenga el conocimiento. Porque una buena actitud te da la motivación para obtener el conocimiento y la fuerza, y no creo que solo aplique en ventas sino en general".* En lo personal, soy menos romántico, y creo que el éxito se debe a debes de conocer muy bien lo que vendes y debes de saber cómo ayudar a una persona a comprar de manera profesional con un proceso bien establecido. También que tomando esa posición, que ya es confirmada con esa encuesta, que las empresas deben reclutar fuerza de ventas profesionales, y no "cualquier persona" que hará el trabajo "mientras" encuentra un empleo mejor, También creo que las carreras de administración de empresas o hasta los MBA, deben de dedicar más tiempo a las técnicas y conocimiento de ventas. Como lo vimos en ese libro, es mínima el porcentaje de persona que adquirieron técnicas o estrategia de venta en la universidad. Ricardo, vendedor resumen bien el sentimiento: *"Ventas dice " si no vendo no hay dinero", producción dice "si no fabrico no tendrán nada que vender", mientras logística " si no opero los clientes no recibirán el producto o servicio" y así cada departamento participante. Lo cierto es que una empresa exitosa se logra con el trabajo de todos persiguiendo un objetivo en común. Ahora bien, no comparto que un vendedor sea subestimado o sub pagado, a fin de cuentas, es la cara de la empresa en el mercado, es quien trata directamente con el cliente, con sus solicitudes, intereses e incidencias. Si luego de un día de gestión debe lidiar con departamentos que, contrario a hacerle su labor fluida, le colocan trabas créanme que no tendrá motivación de alcanzar las metas propuestas. "Relacionarte" es la práctica diaria de un vendedor, el arte de relacionarse, de captar y mantener su cartera de clientes activa y productiva, y además de ello fluir con el cliente interno para obtener mejores resultados. ¡Toda empresa debe dar a Ventas la importancia que merece!"* - Ricardo, vendedor

¿Qué es ser un buen vendedor para ti? "La respuesta más lógica es la persona que logra las metas. El individuo que vende más. Sin embargo, cualitativamente, ¡Qué es un buen vendedor? *"...quien vende lo que el cliente necesita, de esta manera la venta es efectiva para ambas partes y no abra ni devoluciones, es decir, cuando te dedicas a vender ya sea servicios o productos, se sabe que hay metas y objetivos de la empresa o personales, metas que se cuantifican, esto hace que se pierda la objetividad y solo se vende de manera de llegar a los números requeridos, afectando a veces la calidad de lo que se vende y empieza a ver mermas, descontento del cliente, devoluciones, etcétera, afectando a largo plazo la integridad de la empresa en la que se labora, por otro lado si uno siempre vente con la objetividad y asertividad de proporcionarle al cliente lo que necesita, esto hará que las personas regresen y se hará de una cartera de clientes cada vez más grande para poder seguir vendiendo"* - Ricardo, Director Comercial. Si eres vendedor ve bien ese listado, y trata de ubicarte. ¿Estás en esa lista? Si trabajas en recursos humanos o eres jefe comercial: ¿Puedes identificar la mayoría de tu equipo en ese listado? Recuerda que 512 personas participaron a esa investigación, hice la lista de los comentarios más frecuentes y más relevantes. Quité todos los comentarios que mencionaban el número de ventas más alto, o que lograba los números de ventas para dejar los comentarios más cualitativos

1. *"...debes ser muy consciente de lo que estás vendiendo, debes actualizarte periódicamente y ser capaz de responder a todas las preguntas de tus clientes, ser fiel a lo que eres, encontrar la mejor manera de presentar un producto o servicio y sobre todo tenerse confianza."*

2. *"Alguien que convence a otra persona para adquirir un producto o servicio"*

3. *"Tener un manejo de producto perfecto"*

4. *"Empático. Perseverante y disciplinado"*

5. *"Tener una mente positiva"*

6. *"Una persona que siempre busca vender la solución para los problemas de los demás."*

7. *"Saber escuchar, saber transmitir, tocar emociones, llevar a la persona a la acción de decisión."}* 8. *"Quien cumple a satisfacción las expectativas de todas las partes"*

9. *"Quien te ayuda a comprar algo que cumple con tus necesidades"*

10. *"Alguien que mueve mis emociones"*

11. *"una persona que disfruta lo que hace y cuyo conocimiento, actitud, servicio facilita en gran medida la toma de decisiones del comprador"*

12. *"Es mostrar al consumidor que el producto que se le ofrece es lo que realmente necesita."*

13. *"El que ofrezca algún servicio o producto, con muchos beneficios"*

14. *"Un buen vendedor es aquel que que enrola a través de su convicción y escucha generosa"*

15. *"Compartir el entusiasmo y credibilidad sobre lo que ofreces, hacer llenar las expectativas."*

16. *"El que sabe cerrar"*

17. *"Superar la expectativa de tu cliente"*

18. *"Dar respuesta oportuna al cliente de lo que necesite y de sus dudas."*

19. *"Una persona que sabe acudir a su segmento de mercado ofreciendo los beneficios, ventajas y desventajas, conociendo las virtudes de la competencia y haciendo un manejo de objeciones inteligente"*

20. *"El que escucha, aprende y acciona. "*

¿Dónde encuentras tu motivación?

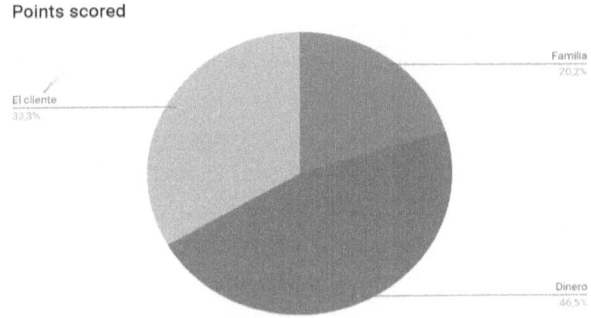

Points scored

El cliente
33,3%

Familia
20,2%

Dinero
46,5%

"Ser vendedor es estar debajo de la guillotina todo el tiempo, es durísimo, es el puesto de máxima rotación en una empresa siempre los vendedores somos personas que funcionamos por motivación y no hay nada peor que un equipo de ventas desmotivado, porque debemos ser unos absolutos apasionados. Si no hay pasión, no hay innovación,

no hay ventas, no hay nada. Si tu manejas equipos de ventas, asegúrate que tu principal objetivo sea ser como un coach de equipo deportivo con ellos, decirles todos los días que SI SE PUEDE". - Iván, Director Comercial (IVAN CAMILO SUAREZ PONGUTA)

La motivación es un tema importantísimo para la fuerza de ventas. Pregunté a los vendedores exitosos cuál era su principal motivación. La pregunta es abierta sin embargo pude reagrupar las respuestas en tres categorías: 1. El dinero 2. La familia y 3. la satisfacción del cliente. 46% mencionaron que su principal motivación es el dinero. El vendedor exitoso no se ataja a un sueldo fijo, si no le atrae las comisiones, los bonos que dependiendo de la industria pueden ser muy atractivo. 33% explicaron que la principal motivación para seguir adelante en las ventas es por su familia. Dar lo mejor a sus familiares. Analizando esa segunda razón más de cerca, me doy cuenta de que también está ligado al dinero. Mejores ingresos son igual a un mejor bienestar. Lo cual puedo concluir que prácticamente el 79% de los vendedores son motivados por los ingresos. El dinero llama a los vendedores y los vendedores llaman al dinero. Finalmente, 21% "genera" su motivación a través de la satisfacción del cliente. Muchos de esos vendedores son "dueños" de la empresa o debo escribir son emprendedores que tienen una micro empresa o independientes como "solopreneur". La satisfacción que su servicio o producto ha ayudado a sus clientes, o que aún mejor llenó una necesidad supera cualquier otra razón de motivación. De hecho, en un libro que escribí hace un par de años: "Secretos de emprendedores exitosos", los empresarios mencionan que el objetivo principal para emprender no es el dinero, si no es buscar una idea para satisfacer una necesidad. Si puedes lograr eso y te apasiona hacerlo, el dinero será una consecuencia. Para mí, se me hizo natural que los vendedores dueños de una microempresa encuentran su principal motivación en la satisfacción del cliente. *"Ser vendedor es difícil y más cuando no tienes un sueldo fijo asegurado, o sea, gran parte de los que trabajamos en micro y pequeñas empresas. A veces nos entra la desesperación porque no vamos al ritmo que nos gustaría. Sin embargo, saber que los esfuerzos te dan los frutos. Cuando lees los comentarios de los clientes que están muy satisfechos con lo que le vendiste, no tiene precio, y claro te motiva a seguir.* "-Pedro, vendedor.

CAPÍTULO 6: ¿CÓMO MOTIVAR UN EQUIPO DE VENTAS?

Si eres dueño de una empresa, que sea grande, mediana, pequeña, micro o que simplemente trabajas por tu cuenta. Motivarse es algo más "fácil" ya que si tu no vendes no comes. Si tu no vendes, no puedes pagar los gastos. Si tu no vendes no puedes pagar los salarios de los colaboradores. Si tu no vendes tu empresa no podrá funcionar. Qué mejor motivación que el hambre, literal. Lo digo sin asumir porque comparto mi experiencia personal. Para el empleo vendedor, también las necesidades básicas son una motivación, sin embargo, a veces el comercial asalariado puede "necesitar" más motivación que otro empleado. Cuando estaba en Berlitz hace unos años, me recuerda las palabras de un director que decía que la motivación se encuentra en uno mismo y que la empresa no tiene ni la responsabilidad ni la obligación de motivar a sus empleados y sobre todo la fuerza de ventas. Para tratar de entender el pensamiento del líder, me recuerdo muy bien que busque la definición de la palabra motivación. De acuerdo con el blog: vidapreofesional.com, la definición se explica de la siguiente manera: "La motivación laboral es la capacidad que tienen las empresas y organizaciones para mantener el estímulo positivo de sus empleados en relación a todas las actividades que realizan para llevar a cabo los objetivos de la misma, es decir, en relación al trabajo." Tomando esta definición, se justifica todas las actividades para mejorar la productividad de los empleados en especial el equipo de ventas. Una de las analogías más impactante que escuche para explicar a un equipo el concepto de la motivación es la siguiente. La empresa nos mandó a una conferencia para aprender más técnicas de ventas. Honestamente no me acuerdo de haber aprendido nuevas estrategias de ventas (en esa época, el concepto de ayudar alguien a comprar era inexistente.) y tampoco me acordó del facilitador de la conferencia. Sin embargo, me recuerda que él era muy bueno presentando con mucho sentido del humor. Lo que sí me acuerdo muy bien es ese ejemplo que explica la motivación. El presentador pide alguien de subir a la escena.

Le pregunta si tiene un hijo, lo cual la persona le contesta que sí, un niño de 8 años. El conferencista explica que la motivación es solamente algo que acorta la duración del tiempo que usarás para lograr un objetivo. Ejemplo: ¿Cuánto tiempo tomarías para cargar un saco de papas de veinte kilos a la cafetería de un hospital que está a 800 metros del lugar que te encuentras? Toma un minuto y piénsalo. Ahora contesta la siguiente pregunta: ¿Cuánto tiempo tomarías para cargar tu hijo de ocho años desangrándose al hospital que está a 800 metros del lugar que te encuentras? Toma otro minuto para pensarlo. Obviamente, aunque tenga el mismo peso, cargar a un niño al hospital tomara mucho menos tiempo que un saco de papa, independiente que tenga el mismo peso. Independiente del debate que, si hay que motivar o no un equipo, piensa mejor, que puedo hacer para que el equipo comercial, o yo mismo puedo hacer para llegar a los objetivos más rápido. Si eres líder de un equipo, de una empresa o trabajas solo, comparto esas actividades que encontré a través de los vendedores exitosos que entrevisté. 12 actividades que te ayudará a la motivación de tu equipo y a la tuya.

Un gerente de ventas continuamente debe buscar formas de motivar a su personal. Los vendedores están sometidos a mayor presión debido a cubrir las cuotas, a los cambios en el mercado, la competencia...etc. Si eres un gerente o director de ventas y buscas crear un ambiente laboral más motivador, debes encontrar la motivación adecuada y con esto mejorar el ambiente laboral e incrementar las ventas de tus colaboradores. La motivación adecuada consiste en equilibrar en partes iguales tres elementos: a) El coaching, b). El reconocimiento y la recompensa. c) Metas claras. Tomando esos pilares en cuenta te enumero una serie de actividades para motivar tu equipo de ventas constantemente. Si trabajas como solopreneur o independiente, también podrás considerar algunos consejos.

1.- Programa reuniones periódicas con el personal de ventas. En lugar de enfocarte en lo que ellos están haciendo mal, asegúrate de que ellos puedan expresar sus preocupaciones, puntos débiles y problemas en reuniones individuales. Recuerda la base del coaching, felicita y reconoce en grupo. Ajusta y regaña en privado. Si tratas de solucionar la presión ocasionada por el trabajo, es muy probable que puedas descubrir los problemas de motivación antes de que estos afecten la temporada o la cuota.

2.- En las reuniones pregunta a tu equipo de vendedores qué los motiva. Probablemente descubrirás que algunos vendedores se sienten más motivados con recompensas monetarias mientras que a otros los motiva más un ascenso o ser parte de un equipo que te apoya. Toma nota de lo que motiva a cada persona.

3.- Adapta tu plan motivacional a cada empleado. Si es posible, establece planes de incentivo. Elige y anota entre uno y tres cosas que puedan incentivar a cada vendedor.

4.- Capacítalos y entrénalos. Realizaran mejor su trabajo si desarrollan habilidades, se sentirán más seguros y con herramientas para lograr sus metas.

5.- Encuentra y reconoce la o las habilidades que tenga cada vendedor y pídele que prepare una presentación sobre el tema para que lo comparta con sus compañeros. Esto los motiva y promueve la interacción entre ellos.

6.- Haz una visita de campo: Un gerente comercial que invierte tiempo en el campo, es un gerente inteligente. Estar en contacto continuamente con tus colaboradores de ventas en el lugar de ventas es primordial para conocer sus habilidades y también saber más que les motiva. Cuando hablamos de campo, hablamos del lugar de trabajo del vendedor, si es en las empresas, o si es en un call center o si es ventas por internet no automatizado, el gerente debe de dedicar tiempo ahí.

7.- Escoge a un asesor para que capacite a tus vendedores. Elige a esta persona cuidadosamente. Asegúrate de que sea un experto, que sepa manejar bien su tiempo y que sea capaz de realizar una capacitación que sea dinámica y ofrezca conocimientos útiles. Trata de que estas capacitaciones sean breves y que incluyan un momento para practicar con la ayuda del expositor. Por ejemplo, a mí, antes de llegar a la dirección comercial, yo era un director de sucursal, como principal función era vender. Cuando mis resultados empezaron a subir rápidamente, el director comercial empezó a usarse para compartir mis mejores prácticas a mis otros colegas. Yo estaba muy emocionado y me motivaba mucho. Yo sabía así que me contemplaban para un ascenso después.

8.- Elige a un buen cerrador de para que capacite a los nuevos trabajadores. Como lo vimos es este libro, el cierre de ventas es uno de los elementos donde el vendedor tiene dificultad. Si puedes identificar a tu mejor cerrador, úsalo para ayudarte con los otros colegas, siempre y cuando esa actividad y/o responsabilidad lo motiva. Esto disminuye la incomodidad que conlleva ser nuevo en un trabajo. Si los nuevos trabajadores cumplen con sus metas de ventas, recompensa al vendedor capacitador con incentivos.

9.- Crea una estructura de comisiones razonable y efectiva. A parte de las metas claras y alcanzable. El esquema de comisiones y bonos debe ser también muy justa. Esa estructura debe ser muy entendible para no decir simple. Evita las combinaciones de fórmulas complicadas para lograr un incentivo. También debes de pensar un esquema de compensación para no solamente a los que lograran la meta, sino también a los que rebasaron los objetivos. Así tendrás siempre vendedores que están motivados independiente que lograron la meta.

10.- Competencia sana: Implementa incentivos diarios, semanales y mensuales. Puedes ofrecer un día libre, tarjetas de regalo, café, refrigerios gratis o boletos de cine o de teatro por el mayor número de ventas en una semana, esto estimula al personal para que se esfuerce más. Estos bonos temporales también pueden ayudar al vendedor para que complete cuotas más grandes al esquivar dificultades durante la temporada. Los incentivos con metas cortas fomentan la competencia sana. Competir a diario para llevar la delantera o tener la mejor calificación hace que la gente se exija entre sí para ser mejores. Asegúrate de que los incentivos fomentan la competencia sana pero que no fomenten el sabotaje entre los trabajadores.

11. Incentiva el trabajo en equipo. Por lo general, los vendedores se sienten solos buscando alcanzar un objetivo. Establece un incentivo para el grupo en el que los trabajadores tengan que ayudarse entre sí y compartir sus conocimientos en busca de una meta común.

12.- Reconoce sus logros en las ventas. El tiempo que inviertes en felicitar a alguien por su trabajo puede decidir cuán arduo trabajarán para alcanzar su siguiente cuota. No hay más poderoso que un "certificado" o un reconocimiento escrito entregado en frente del grupo de colaboradores. Felicítalos en público. Da a conocer sus logros en reuniones. Enfócate en mencionar lo que hizo bien, cómo lo hizo y lo que lo llevo a lograrlo. Presenta a este vendedor con tus jefes y hazles conocer sus logros. El reconocimiento de la gerencia es algo difícil de obtener, en especial si la tasa de rotación laboral es alta. Cuando alguien sobrepasa su meta, programa una reunión en la que pueda conocer al personal con mayor rango o invítalo a una reunión estratégica. Asegúrate de que tus colaboradores vendedores estén siempre motivados. Las personas que han tenido muchas ventas fallidas tienden a hablar con otros trabajadores y contagiar su actitud negativa hacia el trabajo. En ciertas ocasiones, reajustes en el personal de ventas puede incrementar la motivación general en tu equipo.

CAPÍTULO 7: LA MÍSTICA DE LA VENTA

La motivación es la primera escala del aspecto no numérico, no cuantitativo sino cualitativo. Medir el desempeño en ventas es fácil. El vendedor que logra las metas cumple con su función. En ese capítulo les presento "El muro de ladrillos conocimiento, técnicas - motivación - energía – espiritualidad". Para llegar al éxito, el vendedor deberá recurrir a esos cuatro elementos invisibles. De esos 4 compendios, tal vez dos son obligatorios (1. Técnicas de ventas y 2. Motivación). Sin embargo los elementos como la 3. Energía y la 4. Espiritualidad no lo son, sin embargo, son dos características importantes para un vendedor exitoso.

4.Espiritualidad
3.Energía
2.Motivación
1.Técnicas de ventas

1. El conocimiento de **técnicas de ventas** se divida en dos partes: En primera instancia el conocimiento del producto es primordial para tener éxito en ventas. Si vendes tus propios productos o trabajas en el equipo comercial de una empresa, la capacitación del conocimiento del producto es obligatoria. Si vendes servicios educativos, toma unas clases, si vendes seguros, asegúrate de conocer a fondo todo el aspecto del servicio que estás vendiendo. Si vendes productos tangibles, prueba, toca, mide e investiga a fondo lo que estás vendiendo. El conocimiento del producto también está ligado con el conocimiento de la competencia. ¿Cómo pretendes vender si no conoces sus ventajas y puntos diferenciadores? En la sección "Tu carpeta de ventas", prepare un ejercicio para ayudar a identificar:

a) Las características en comunes con tu competencia.

b) Las características como ventajas vs. tus competidores

c) Los diferenciadores

d) Los elementos únicos, los que solamente tu servicio o producto tiene

La otra parte importante es el conocimiento de técnicas de ventas. Si estás leyendo ese libro, es porque ya estas interesado a mejorar tus técnicas y saber más en cómo puedes mejorar tus tácticas de ventas. No hay secretos, debes de leer libros de ventas, asistir a talleres en línea o presenciales. Busca blogs, sigue redes sociales que trate de ventas. Independiente si asocias a la venta, a un deporte una ciencia o un arte, los tres tienen algo en común, debes de entrenar, experimentar y repetir para mejorar tus técnicas de ventas.

2. La motivación: ¿Por Qué vendes? ¿Debes vender o quieres vender? La alta motivación es ligada a la supervivencia. Es decir que muchos vendedores nos dijeron que si no vendes no comes. La pregunta real: "¿Te gusta estar en esa situación? Por muchos años el vendedor se etiquetó como el empleo de la última oportunidad. El empleo relegado, que "todos pueden hacer". La profesión del "mientras": Mientras consigo algo mejor, voy a trabajar como vendedor. Si piensas así o estás en esa situación, algo no va funcionar. ¿Tienes que vender o quieres vender? Si tu respuesta es "querer" entonces estás en la buena dirección. ¿Te gusta vender o lo haces por obligación? Después de esos cuestionamientos, pregúntate cuál es tu principal motivación. Todas las actividades que genera esa motivación son actividades que te recordara cual el tu motor principal. La motivación es algo muy personal, sin embargo, la mayoría de los buenos gerentes de ventas usarán dinámicas que te harán recordar a menudo cuál es el motor que te incite a vender. Cuando me refiero a esas actividades, no me refiero al burro, el palo y la zanahoria, sino a dinámicas personal o grupal que hacer mover (literal)

a los vendedores. Hace un par de años, yo era CEO (director general) de una empresa educativa en la ciudad de México. Decidí llevar a todo el equipo comercial a los "go kart". Antes de subir a los coches, hicimos unas dinámicas de cambio de llantas en equipo (el famoso pitstop de la fórmula 1). Dibujamos un logo de una escudería, e hicimos actividades de integración. A la tarde, nos subimos a los go kart para correr. La experiencia fue increíble, pude conocer más a fondo el equipo, y sobre todo, la motivación de cada uno de sus miembros, platicando individualmente con ellos en charla informal entre las actividades. Lo curioso, es que a la hora de hacer el "debriefing" de ese día al final de la jornada, todos expresaron que estaban muy motivados. Lo único que hice, es sacarlos de su rutina, y hacerles recordar su motivación.

3. La energía: Después del conocimiento y la motivación, vamos a entrar en terreno aún más "esotérica" hablando de la energía. La energía positiva es nuestra ideología es un gran inventor de energía y debemos crear y mantener pensamientos, positivos, optimistas, creativos y unidos, como una forma de tener actitudes y conductas, que beneficien nuestra vida. Las personas con unas energías positivas se definen por tener la autoestima alta y su optimismo y su predisposición a la hora de enfrentarse a los retos que les presenta el día a día. Son elementos que no necesitan estímulos externos como la aprobación de los demás para ser felices, sino que saben lo que es el amor propio y son capaces de encontrar la felicidad por sí solos. La investigan en su propio interior, lo que les permite refutar o impedir el paso de las energías negativas, y de esta manera conseguir esa paz interior tan privada para transmitir esa energía positiva.

4. La espiritualidad: "Espiritualidad es el estado y naturaleza de espiritual. Este adjetivo (espiritual) refiere a lo perteneciente o relativo al espíritu. La noción de espíritu, por su parte, está vinculada a una entidad no corpórea, al alma racional, a la virtud que alienta al cuerpo para obrar o al don sobrenatural que Dios concede a ciertas criaturas." Esa definición de acuerdo al portal de "definición. De" habla de dios, que no se define

como un dios católico o de una religión especifica. Se refiere a creer a algo superior, que nos permite confiar y esperar que nos ayuda a que las cosas pasan a nuestro favor.

CAPÍTULO 8: TREINTA HÁBITOS DE UN VENDEDOR EXITOSO

En esta parte del libro te ayudará con consejos o tips para poder lograr tus objetivos personales y/o profesionales y sobre todo comerciales como vendedor. Hace unos años, escribí un libro titulado *"Secretos de emprendedores exitosos"*. Entrevistado, a vendedores exitosos me ayudó a recopilar 30 actividades que utiliza los vendedores exitosos y productivos o que simplemente ha logrado cumplir sus sueños. Si buscas la palabra "éxito" en la red, encontrarás lo siguiente: 1. Victoria (triunfo);2. Nivel de estatus social. 3. El cumplimiento de una meta/objetivo. 4. Lo opuesto a la frustración y fracaso. 5. Siddhi es un término sánscrito que significa 'perfección', 'logro' o 'éxito. 6. Éxito (supermercado), cadena de supermercados en Colombia. La descripción del éxito para el vendedor es frío y transparente, es básicamente lograr ventas y en muchos casos logras y rebasar cuotas de ventas. Estos hábitos, te ayudará a lograr tal hecho.

1. Aprovechar los domingos para planear y preparar tu semana.

Los domingos son para descansar, pasar tiempo con la familia y amigos para muchas personas. Aunque para otras, las personas exitosas, son para tomar un tiempo, no muy largo sino suficiente, para ver y planear las actividades de la semana siguiente. Para tener una semana productiva, se aconseja realizar lo siguiente: Determinar cuáles son los objetivos de la semana. Esto no involucra únicamente alcanzar la meta financiera de la empresa sino de metas de tarea. Por ejemplo, ¿hay pendientes como renovar un pasaporte? ¿Una comida con alguien que no has visto en mucho tiempo? ¿Una salida con tu pareja? ¿un tiempo específico para estar con tu hijo? Haz una lista de algunas actividades, asígnales fecha y hora. También determina una fecha máxima para realizarla. Inicia objetivos alcanzables, si por ejemplo estás en ventas, y sabes que puedes vender 5 unidades de un producto, agrégalo a tu lista, pero no intentes poner 10, porque podrías no alcanzar la meta, y si sigues así, semana tras semana, comenzarás a sentirte frustrado, y eso te alejará del camino del éxito. Escribe los pendientes que quieres terminar en esa semana. El famoso To-Do list (lista de actividades por realizar). Es una herramienta que usa la gente productiva, y no hay sentimiento más satisfactorio que borrar los elementos de esa lista cuando finalmente has cumplido esos deberes. Existen personas que no ponen fecha en esas actividades, y está bien, siempre y cuando tengas el hábito de revisar y planear tus actividades los domingos. Te darás cuenta de cuantas actividades cumpliste y cuántas otras tienes todavía como pendientes

PREGUNTA: ¿Qué haces los domingos?

2. No hacer muchas cosas en un solo día.

Limítate a uno o dos objetivos diariamente. No vas a lograr todo en un día, es importante que lo tengas en la mente. Limita tu día a uno o dos objetivos. Por ejemplo, en mi caso, puedo tener el objetivo de escribir 10 cuartillas, pero no de escribir un libro completo, solo debo asegurarme de escribir 10 páginas, si puedo lograr eso, y que diariamente logre escribir esas mismas 10 páginas. Seguramente podré terminar un libro mucho más rápido de lo que había pensado. Piensa en algo de tu vida personal y profesional. ¿Qué objetivo quieres lograr hoy? ¿Una comida con amigo? ¿Una venta? ¿O simplemente poner en orden tu escritorio? La semana tiene 7 días, ¿has pensado que en 7 días podrías lograr de 7 a 14 objetivos si aplicaras ese hábito?

PREGUNTA: ¿Cuál es tu objetivo de mañana?

3. Devolver tu "éxito" a tus amigos e familiares.

Hay una línea delgada entre presumir e inspirar. Estarás tentado platicar de tus hazañas, logros, viajes a lugares exóticos que has conocido. No está mal del todo, pero ten cuidado de no hacerlo tanto, ya que puede producir un efecto negativo. Mejor, trata de compartir algunas ideas que te ayudaron a lograr el éxito o algunos objetivos específicos. Hay gente que te lo agradecerá y que a su vez, te contará también sobre actividades o consejos para alcanzar también el éxito.

PREGUNTA: ¿Te gusta presumir, o compartir tus éxitos?

4. Tener pasatiempos

Tener pasatiempos es excelente, siempre y cuando seas disciplinado y aquellos pasatiempos no se conviertan un obstáculo a tus propios objetivos. No puedo arriesgarme a afirmar que existen mejores pasatiempos que otros, pero deben ser algo que te guste hacer y que al mismo tiempo te genere algún beneficio para tu salud física y mental. En mi caso, disfruto de hacer deporte, sin embargo, mi mejor pasatiempo es aprender y practicar trucos de magia. Hay muchos beneficios que están ligados a la práctica de la magia (trucos de cartas, monedas etc.). Como el hecho de desarrollar la habilidad de realizar tareas manuales, contribuye a mejorar la concentración, trabaja la paciencia, etc. Busca los beneficios que te trae tu hobby, incluso, si son los videojuegos (no en exceso), te darás cuenta de que también tiene sus ventajas, seguramente habrás oído sobre la forma en la que contribuye a la capacidad cognitiva.

PREGUNTA: ¿Cuál es tu pasatiempo?

5. Perseverar hacia los objetivos

Es una acción muy "general", sin embargo, es algo sencillo de hacer. Yo escribo libros e eBooks. Normalmente tengo la meta de escribir unas 10 páginas al día. La verdad, no todos los días alcanzaba esa meta, había días en los que, por el tiempo del que disponía, solo lograba escribir una, dos o hasta cuatro páginas. Cuando eso pasa, me recuerdo a mí mismo lo cerca que estoy de acabar una obra a diferencia del día anterior. Cuando no escribo nada en un día, me siento nervioso e inquieto porque siento que no avancé nada. Independiente de que simplemente lo consideres como tu objetivo, pregúntate: ¿Qué he hecho hoy que me acerca más a mis metas? Hazte esa pregunta todos los días, te aseguro que te ayudará a lograr tus objetivos, ser más productivo y por ende, llegar al éxito.

PREGUNTA: En una escala del 1 al 10: ¿Cuál es tu grado de perseverancia para lograr una meta?

6. Despertar muy temprano en la madrugada

Hay un dicho en francés que dice: "Le monde appartient aux gens qui se levent tot". "El mundo pertenece a la gente que levanta temprano". Existen múltiples ejemplos de gente exitosa que se levanta muy temprano. Napoleón Bonaparte solía dormir de 3 a 4 horas todos los días. Independientemente de la opinión que tengas del emperador francés, logró muchas cosas en su vida. No te sugiero directamente que únicamente duermas cuatro horas, eventualmente será perjudicial para tu salud, pero considera las horas que realmente estás aprovechando de tu día y cuántas más podrías emplear.

PEGUNTA: ¿A qué hora te levantas en la mañana?

7. Contactos

Tener contactos de calidad más que de cantidad con tus seres queridos. Las personas exitosas suelen tener muchas personas productivas en su entorno. También hacen a lo que le puedo llamar una "selección de amigos, hasta familiares". Es decir que todas aquellas personas que se la pasan quejándose, negativas o que sencillamente no contribuyen en nada a tu vida, hazlos a un lado. Trata de estar con más gente positiva si realmente quieres lograr tus metas y alcanzar tus sueños

PREGUNTA: ¿Cuántas personas exitosas conoces y a quienes frecuentas regularmente?

8. Meditar.

Meditar no es difícil. Claro que existen muchas técnicas y a veces, la meditación está relacionada con una religión exótica, creencia o hasta un hábito de categoría cultural. No te confundas, meditar es prácticamente sentarse a pensar; respira lentamente y profundamente. Si puedes, reproducir música relajante que sirva de fondo, mejor. La meditación, es realmente tu encuentro contigo mismo. 5, 10 o hasta 15 minutos basta para lograr una reflexión muy personal de tu estado de ánimo. Si realmente te intriga, investiga más en internet y podrás encontrar muchas técnicas que puedan adaptarse más a tu estilo y a tu personalidad. Hazlo. En este mundo regido por el estrés, como muchos han denominado a lo largo de su vida en este último siglo, es importante hacer esa pausa "espiritual".

PREGUNTA: ¿Te has sentado a meditar en los últimos 7 días?

9. Practicar un deporte.

Durante mi educación, y en mi bello Quebec, Canadá, el deporte era parte de la vida cotidiana desde los 4 años. Esto no significa que debas arriesgarte por un deporte extremo o alguna actividad de alto impacto que te deje exhausto. Una caminata, jogging o practicar el yoga resultan increíblemente bien.

PREGUNTA: ¿Qué deporte practicas? ¿Realizas algún tipo de ejercicio cotidianamente?

10. Desconectar las redes sociales

Las redes sociales son herramientas maravillosas, sin embargo, pueden también ser grandes obstáculos para terminar tareas o cumplir objetivos. Si estás en la oficina, apaga tu celular, cierra todas tus redes sociales en la computadora. Olvídate de las redes mientras estés trabajando por alcanzar una meta. Imagina que un obrero estuviera preocupado por su estado social mientras está construyendo un muro de ladrillos, una casa, un edificio. ¿Qué tiempo extra le tomaría a ese albañil para acabar el muro? Considera su situación económica ¿Hasta cuándo le pagarían para llevar alimento a su casa?

PREGUNTA: ¿Cuántas horas le dedicas a las redes sociales en un día?

11. Tener un plan de acción

¿Te imaginas a un arquitecto construir una casa sin sus blueprints? Es exactamente lo que hace mucha gente que quiere un objetivo o alcanzar un sueño. Trata de pensar que estás en una reunión de amigos y que alguien tiene una idea de negocio. Todos se ven en el proyecto, y todos están entusiasmados con la nueva empresa. El día siguiente y subsecuente no se realiza nada porque nadie tomó nota o realizó un plan. Hacer un plan no debe ser complicado. Puedes encontrar en internet múltiples formatos gratuitos en caso de no tener la menor idea, y te darás cuenta que la mayoría de esos documentos son más complicados de usar y seguir que el propio proyecto que quieres lograr. Para hacer un plan de acción, no hace falta que te compliques, toma una hoja de papel o abre tu computadora y contesta estas preguntas para arrancar tu plan de acción:

1. ¿Qué? : De que se trata tu proyecto.

2. ¿Quién? : Quien se encargará de que.

3. ¿Cómo? : Como se hará el proyecto

4. ¿Cuándo? : Establece las fechas de entrega.

5. ¿Por qué? : Porque quieres realizar ese proyecto.

PREGUNTA: ¿Cuándo quieres lograr algo, estableces un plan de acción antes?

12. Reflexionar sobre tus fracasos.

A nadie le gustan los fracasos, sin embargo, hay que saber vivir con ellos. Decía una sabia mujer, (mi abuela): Está permitido cometer errores en la vida, pero lo que no es válido, es cometer el mismo error dos veces. La reflexión sobre nuestros errores nos permite analizar las causas e identificar el elemento, a cambiar, que no funcionó, para no repetirlo.

PREGUNTA: ¿Has analizado a fondo un fracaso de tu vida personal o profesional?

13. Rodearse de personas positivas.

Fácil a decir, pero a veces no es tan fácil a ejecutar. La mayoría de las personas exitosas se rodean de personas positivas. Ellos hacen una "selección" de personas que les aportarán cosas positivas en su vida. Todos hemos sido "víctimas" de la famosa selección de amistades. ¿Por qué esa persona ya no me habla? ¿Porque habla más con esa persona que la otra? Tantas son las cosas positivas o negativas que afectan e influencian nuestras vidas. Si es así, tratemos de hacer como las personas exitosas, y empecemos a "deshacernos" de la gente negativa, y acercarnos a las personas más positivas. Esto ha sido una ley de selección natural desde hace mucho tiempo, en donde se tendía a excluir a aquellos cuyo aporte no beneficiaba y solo consumía valiosos recursos que pudieran invertirse en conseguir otros tantos.

PREGUNTA: De las cinco personas más cercanas a ti; ¿Cuántas de ellas, son realmente personas positivas?

14. No poner excusas. (Aceptar sus errores)

Hace años tomé una capacitación de servicios a clientes, y siempre me acordaré de una frase que usó la capacitadora ante una queja del cliente, ella jamás recurrió a la clásica excusa barata que seguramente todos hemos escuchado: "Por política de la empresa…". Esto es seguramente lo peor que le puedes decir alguien, si te encuentras en el área, y demuestra una gran falta de responsabilidad. Es igual en el día a día, buscar excusas no te hará más productivo y mucho menos, exitoso. Sin embargo, aceptar tus errores, si te ayudara. Ten la humildad de hacerlo y asegúrate de no repetirlo. Puedes cometer muchos errores en la vida, pero nunca el mismo dos veces.

PREGUNTA: ¿Cuántas veces has usado excusas en vez de admitir tus errores?

15. Comer sanamente.

Algo que puede ser tan obvio a observar. Si comes sanamente, va a ayudarte en todos los aspectos de tu vida. Muchos asocian la comida al cuerpo, pero pocos lo asocian a la parte emocional y la inteligencia. La comida sana te ayuda a ser una persona más saludable. Una alimentación saludable, a base de comida sana, te ayudará a mantener tu sistema inmune preparado, por lo que estarás evitando enfermedades virales e infecciosas, que perjudicarán tu cuerpo, con ello, tu rendimiento y, sobre todo, terminarán por desviar tu enfoque.

PREGUNTA: ¿Cómo evalúas tu alimentación de la escala del uno al diez? (Suponiendo que 1 es muy malo y 10 es excelente)

16. No ser víctima

No es tan simple, pero si lo piensas bien, hay dos tipos de personalidad en el mundo. La víctima y el líder. ¿Cuál de los dos eres? Es estado no se hereda. Si quieres ser víctima o ser líder es tu decisión, y nadie te lo impondrá. Asume tus acciones, responsabilidades y haz que las cosas sucedan, no esperes que simplemente pasen.

PREGUNTA: ¿De 5 personas que conozcas, ¿cuántas son "lideres" y cuántas son "víctimas"? ¿Con quién te identificas más?

17. Ver el cambio como algo normal.

Imagínate sentado en una casa hace dos mil años. Ahora, imagínate en la misma casa después de mil años, finalmente imagina cómo estarías en la misma casa hace dos días. ¿Es la misma casa? ¿Usas las mismas cosas? ¡Claro que no! Los cambios no son amenazas, son actos normales. Si puedes entenderlo y aceptarlo, será mucho más fácil para ti evaluar y realizar muchas actividades.

PREGUNTA: ¿Te dan miedo los cambios? ¿Sí? ¿No? ¿Por qué?

18. Aprender continuamente

Aprender continuamente no significa regresar a las bancas de la escuela. Hay varias maneras de adquirir conocimiento. Hoy con la internet es muy fácil hacerlo, sin embargo, es tanta la información que hay, que debes enfocarte en el asunto o campo donde quieres indagar, se muy crítico para evitar esos artículos basura. Los libros siguen siendo el medio de adquisición de conocimientos por excelencia. Toma capacitaciones presenciales o en línea. Participa en eventos de interés o de tu industria para ver qué puedes aprender de los conferencistas.

PREGUNTA: ¿Cuándo fue la última vez que fuiste a ver una conferencia de técnicas de ventas?

19. Conocer tu propósito y saber que lo quieres.

En otro libro que escribí, Secretos de emprendedores exitoso, le pregunté a 378 emprendedores exitosos: ¿cuáles eran las principales cualidades para obtener éxito en los negocios? La pasión fue la primera y la VISIÓN fue la segunda más importante según lo que contestaron. Muchos de ellos, se referían a la visión como la importancia de saber que se quiere hacer, y saber muy bien por dónde y a dónde quiere llegar una persona.

PREGUNTA: ¿Conoces tu visión en la vida?

20. Reflexionar con preguntas.

¿Te has dado cuenta de que la gente productiva hace muy buenas preguntas? La verdad, es que no hacen buenas preguntas, si no retoman la idea para asegurarse que entendieron bien. Decía Levi Strauss (famoso antropólogo y etnólogo francés): El sabio no es el hombre que proporciona las respuestas verdaderas, es el que formula las preguntas verdaderas. Si quieres conocer más de esa técnica, puedes descargar mi libro "El arte de ayudar con preguntas".

PREGUNTA: ¿Qué has hecho hoy para acercarte a tu sueño?

21. Reemplazar las preguntas "Me gustaría tener algo" por "Voy a tener algo"

¿Sabes que los mejores vendedores del mundo usan ese modelo? Como puedes constatar, el simple hecho de cambiar ese famoso chip de "Me gustaría" por "Voy" puede cambiar el rumbo de tu vida. ¿Te gustaría ir de viaje al final del año? ¿o vas a ir de viaje al final del año? Muchos adeptos de la filosofía holística también usan ese tipo de fraseo para enfocarse en lograr objetivos. Por ello, estás programando el universo a tu favor para que pasen las cosas y cumplas tus sueños.

PREGUNTA: ¿Te gustaría lograr tus objetivos de vida? ¿O vas a lograr tus objetivos de vida?

22. Tener una lista de cosas por hacer Los norteamericanos lo llaman el To-Do list (Lista de cosas por hacer).

Para ellos, seguramente la mejor herramienta o consejo de este libro. Puedes poseer la mejor computadora, el último modelo de teléfono inteligente o la mejor aplicación del mundo de gestión de tiempo. Pero hacer una lista de las cosas que tienes que hacer es fácil, y la puedes usar para tus tareas personales y profesionales. Puedes usar ese teléfono o simplemente una libreta para apuntar las cosas que tienes pendientes.

PREGUNTA: ¿Usas una lista de pendientes para ayudarte a realizar tus tareas?

23. Escuchar audiolibros mientras viaja

Escuchar música mientras viajas o te trasladas de un lugar a otro es muy divertido y relajante. Pero ¿qué pasaría si en vez de escuchar música, te pusieras a escuchar un libro? Ahora ya sabes porque hay gente que lee (o escucha) muchos libros en un año. Ese tiempo es valioso para adquirir o reafirmar conocimientos.

PREGUNTA: ¿Cuál fue el último audiolibro que has escuchado? ¿Cuándo fue eso?

24. Hacer networking

De acuerdo a negociosynetworking.net/; El networking es una filosofía que consiste en el establecimiento de una red profesional de contactos que nos permite darnos a conocer a nosotros y a nuestro negocio, escuchar y aprender de los demás, encontrar posibles colaboradores, socios o inversores. Para mí, de los hábitos o actividades presentados en este libro, seguramente el, más "aburrido" o "difícil". Eso lo atribuyo a mi personalidad, que es un tanto más introvertida que otra cosa. Debo de admitir que es en los eventos de networking en donde he obtenido las mejores oportunidades de negocio. Ten cuidado, las redes sociales, pueden funcionar, pero no te darán los mismos resultados que un esfuerzo de networking real en donde tienes que acudir.

PREGUNTA: ¿Cuántas personas conoces realmente? (Sin contar las redes sociales)

25. Leer un libro (por lo menos 20 minutos al día)

¿Puedes dedicar un mínimo de 20 minutos al día para leer un libro? Las personas exitosas que tienen más actividades que tu o un servidor, lo están logrando. ¿Cómo lo puedes lograr? Si cargas un libro contigo a todos lados. También puedes hacer algo mas practico, deja un libro en la mesita de tu recámara. En la noche, en vez de revisar el famoso Facebook, toma ese tiempo para leer ese libro. Si puedes lograr adoptar ese hábito, te felicito ¿imaginas cuantos libros podrías leer en un año? Haz un cálculo nada simple. Si logras leer 20 páginas en 20 minutos. y, digamos que lees 20 días al mes. Son 400 páginas al mes, prácticamente uno o dos libros al mes. Al fin del año, habrás leído, entre 15 y 20 libros.

REGUNTA: ¿Cuántos libros lees en un año?

26. Transmitir hábitos de éxito a tus hijos

Dicen que la mejor forma de aprender es enseñar. Realmente no sabes cuál va primero, porque cuando tienes hijos, tratas de ser una mejor persona ya que tu motivación ha cambiado por la llegada de ellos a tu vida. Cuando tienes hijos, tratas de enseñarles lo mejor para que se preparen para la vida. Sin embargo, no sirve de mucho de enseñar cosas que no practicas o que tú mismo no conoces. Tus hijos harán lo que tu hagas, no harán lo que tú digas. Existe una conocida expresión en inglés que dice "Walk the talk" en español la conocemos de otra manera: Usas los hechos, no las palabras.

PREGUNTA: ¿Estás satisfecho sobre la forma en la que educas a tus hijos?

28. Tomar cursos de capacitación constantemente

Una de las claves del éxito personal o profesional es ser constante en capacitarse. Ya sea que tomes cursos, asistas a talleres y seminarios o leas libros, siempre debes procurar aprender nuevas cosas que te ayudarán a alcanzar tus objetivos. Nunca debes asumir que ya sabes todo, sino admitir y reconocer que el aprendizaje nunca termina, que siempre habrá nuevas cosas por saber. Si estás en un campo más competitivo, abraza y aférrate a esa filosofía, ya que siempre hay alguien que sabrá más que tú en este momento y por lo tanto, producirá más que tú. ¡Asegúrate que seas tú "ese" que sabe más que los demás! Debes de capacitarte constantemente para así poder alcanzar tus objetivos de la manera más eficiente posible, pero también debes de aprender todo el tiempo para llegar a ser especialista o experto ideal en tu campo de acción, hasta el punto de llegar a ser el mejor y aun así, seguir preparándote.

PREGUNTA: ¿Ya te inscribiste a un seminario?

29. Creer en ti.

Si tienes confianza en ti mismo, puedes darte una segunda oportunidad, una tercera y hasta cuarta para conseguir tus sueños. No te quedes llorando tus penas en casa esperando a que alguien te de la mano para levantarte. Conseguirás el éxito por ti mismo, con tenacidad y confianza.

La falta de confianza o el miedo te impide actuar. Te impide hacer esa tarea determinada por miedo a fracasar o a no conseguir tus objetivos. Confía en tus posibilidades y no busques siempre la aceptación de los demás. Eres tú la primera persona que debe creer en lo que tu haces. Sólo así tendrás la valentía necesaria para animarte a hacer aquellas cosas que siempre has deseado o soñado.

PREGUNTA: ¿Qué haces para creer en ti?

30. Escribir tus ideas en una libreta

Uno de mis primeros eBook y Best Seller en Amazon se titula: "El arte de tomar apuntes". Antes de dedicarme a compartir mis libros, tuve varios puestos de alta dirección. Siempre me llamaba la atención cuando en las juntas, varios colaboradores llegaban al lugar de la reunión, escuchaban y participaban, pero no tomaban apuntes. Cuando pasaba eso, les recordaba lo que mi abuelita, mujer muy sabía, me decía: La memoria es la única facultad que olvida. La gente eficiente carga una libreta para apuntar las ideas que obtengan de los demás o que ellos mismos tengan, debido a su creatividad. Así es más fácil implementar un plan de acción y llegar a la ejecución de dicha idea.

PREGUNTA: ¿Qué haces para recordar tus ideas?

Cuestionario ¿Qué haces para lograr tus objetivos?

1. ¿Qué haces los domingos?

2. ¿Cuál es tu objetivo de mañana?

3. ¿Te gusta presumir o compartir tus éxitos?

4. ¿Cuál es tu pasa tiempo?

5. En una escala del 1 al 10: ¿Cuál es tu grado de perseverancia para lograr una meta?

6. ¿A qué hora te levantas en la mañana?

7. ¿Cuántas personas exitosas conoces y a quienes frecuentas regularmente?

8. ¿Te has sentado a meditar en los últimos 7 días?

9. ¿Qué deporte practicas? ¿Realizas alguna actividad física o tipo de ejercicio?

10. ¿Cuántas horas le dedicas a las redes sociales en un día?

11. Cuando quieres lograr algo ¿estableces un plan de acción para llegar a ello?

12. ¿Has analizado a fondo un fracaso de tu vida personal o profesional?

13. De las cinco personas más cercanas a ti; ¿Cuántas de ellas, consideras realmente que son personas positivas?

14. ¿Cuántas veces has usando excusas en vez de admitir tus errores?

15. ¿Cómo evalúas tu alimentación en una escala del uno al diez? (Suponiendo que 1 es muy malo y 10 es excelente)

16. ¿De 5 personas que conozcas, ¿cuántas son "lideres" y cuántas son "victimas"? ¿Con quién te identificas más?

17. ¿Te dan miedo los cambios? ¿Sí? ¿No? ¿Por qué?

18. ¿Sabes cuál es tu misión y visión en la vida?

19. ¿Cuándo fue la última vez que fuiste a ver un conferencista?

20. ¿Qué has hecho hoy para acercarte a tu sueño?

21. ¿Te gustaría lograr tus objetivos de vida? ¿O vas a lograr tus objetivos de vida?

22. ¿Usas una lista de pendientes para ayudarte a realizar tus tareas?

23. ¿Cuál fue el último audio libro que escuchaste? ¿Cuándo fue eso?

24. ¿Cuántas personas conoces realmente? (Sin contar las redes sociales)

25. ¿Cuántos libros lees en un año?

26. ¿Estás satisfecho por la forma en la que educas a tus hijos?

27. ¿Cuántas horas le dedicas al televisor? (Tradicional o vía cualquier dispositivo)

28. ¿Ya te inscribiste a un seminario?

29. ¿Qué haces para creer en ti?

30. ¿Qué haces para recordar tus ideas?

CONCLUSIÓN:

¡AYÚDALE A COMPRAR! Ser un vendedor exitoso no está ligando a un elemento si no a varios componentes y a un proceso organizado para lograr la compra por parte del prospecto. Más que una conclusión, me permito resumir el contenido del libro con los conceptos que aprendiste en esa obra. Además de compartir mi experiencia, me apoye con la opinión de más de quinientos vendedores exitosos. Por ejemplo, los vendedores exitosos, coincidimos que las principales cualidades son:

1) EL conocimiento del producto o servicio que se pretende vender.

2) Saber escuchar de manera activa

3) la perseverancia.

En ese libro, pudiste aprender a usar 18 métodos de prospección. Aprendiste cómo se comporta el cerebro de un comprador. Un individuo compra por emoción y muy pocas veces ejecutara una compra por análisis o por la razón. Aprendiste como usar un proceso de ventas de ocho pasos para ayudar a un sujeto a comprar. A través de ese proceso, también se te enseño técnicas para preguntar. De igual forma aprendiste a presentar con otras técnicas estructuradas y fáciles a usar. Además, pudiste aprender a usar seis tips para hablar de precio con un prospecto. Escuchar es una de las habilidades más importante para vender, se te presento seis ejercicios para mejorar la "escucha activa". Un buen libro de ventas no es un buen libro si no puedes aprender un excelente cierre de ventas, en ese manual compartamos siete cierres de ventas efectivos usados por varios vendedores exitosos. Constataste la importancia del seguimiento comercial para poder incrementar tus cifras de ventas. En esa obrar pudiste leer once técnicas para tener un seguimiento comercial bien hecho y sobre todo efectivo. Conseguiste leer varios consejos de quinientos vendedores exitosos que hemos entrevistado incluyendo doce ideas para motivar un equipo de ventas de alta rendimiento. Hablamos de la importancia de mística del vendedor o de la venta con sus cuatro pilares:

1) El conocimiento de las técnicas de ventas,

2) La motivación,

3) La energía,

4) la espiritualidad. Compartimos treinta hábitos de los vendedores exitosos, si puedes adquirir 3 o 4 nuevos hábitos mencionados, podrás incrementar tus resultados de manera casi inmediato. En fin, recuerda eso:

¡NO VENDAS! Ayúdalo a comprar.

ACERCA DEL AUTOR:

Christian Leclerc es consultor empresarial independiente y fue profesor de la asignatura de Emprendimiento en la Universidad Panamericana (UP) en la Ciudad de México. Ha publicado diversos libros en el campo de la educación, de negocios, liderazgo y gestión de empresas. Su objetivo es ayudar a emprendedores, directores, gerentes, vendedores o cualquier persona que busque consejos para crecer en el ámbito laboral y personal. Su misión se resume en este mantra: "Compartir para mejorar". Puedes contactar al autor y/o seguirlo como miles de personas:

Christian Leclerc: LinkedIn – Facebook – Twitter – email – Amazon